LES PETITS
PAPIERS

SOMMAIRE

over the rainbow

ÇA BOSSE DUR ! 5

À LA UNE 23

T'AS PAS DU FEU ? 99

SUR VOS ÉCRANS 104

On fait les cons, on fait les cons et un jour on se retrouve à rédiger un édito.

Alors on peut rédiger 1 000 fois un édito, mais on ne peut pas rédiger 1 fois 1 000 édito.

Pi faut raconter quoi ? Faut dire merci ? Faut dédicacer à quelqu'un ?? Mais j'ai combien de pages ? Ah. Toutes. Ah. Une.

Ce livre c'est comme une Ôde à la connerie, à la créativité, aux jeux, aux mots, aux détournements, aux rires. Un recueil qui nous a permis de nous marrer, beaucoup, de rencontrer, de vivre des trucs, beaucoup, qui nous a donné et pris une belle énergie.

La connerie, ça permet de vivre d'improbables expériences* : je recommande.

On espère que vous rirez autant que nous (même 3 ans après) !

On l'a fait sans prétention, avec nos petites mains, avec @TommeBlur, sans qui rien de tout ça n'aurait été possible.

Ce n'est pas mon livre, ce n'est même pas le notre, c'est celui de tout le monde, d'Internet, de Twitter et ses rencontres aux infinies possibilités !

Faisons l'humour. Encore et toujours !

*ET MERCI HEIN !!

Sam / @Samparlebien

Je peux te dire franchement ce que j'en pense ?

S'il te plaît !

C'est très bien... mais t'as quand même mis 3 semaines pour l'écrire ! :D

• • •

« L'ennui au travail » #HardRock »

Expression populaire.

Notre regretté animateur TV.

Toudoudoudoum
toudoum toudoum.

In english, it's Sean Penn.

@LongGeoffSilver

@Yozzmen

Sixt.fr

@LookVoyages

@soize95

Félicia

#HumeurDuJour

Qu'est ce qu'il y connaît aux femmes,
1
2
End
RiCK
Enter
@cedubeton

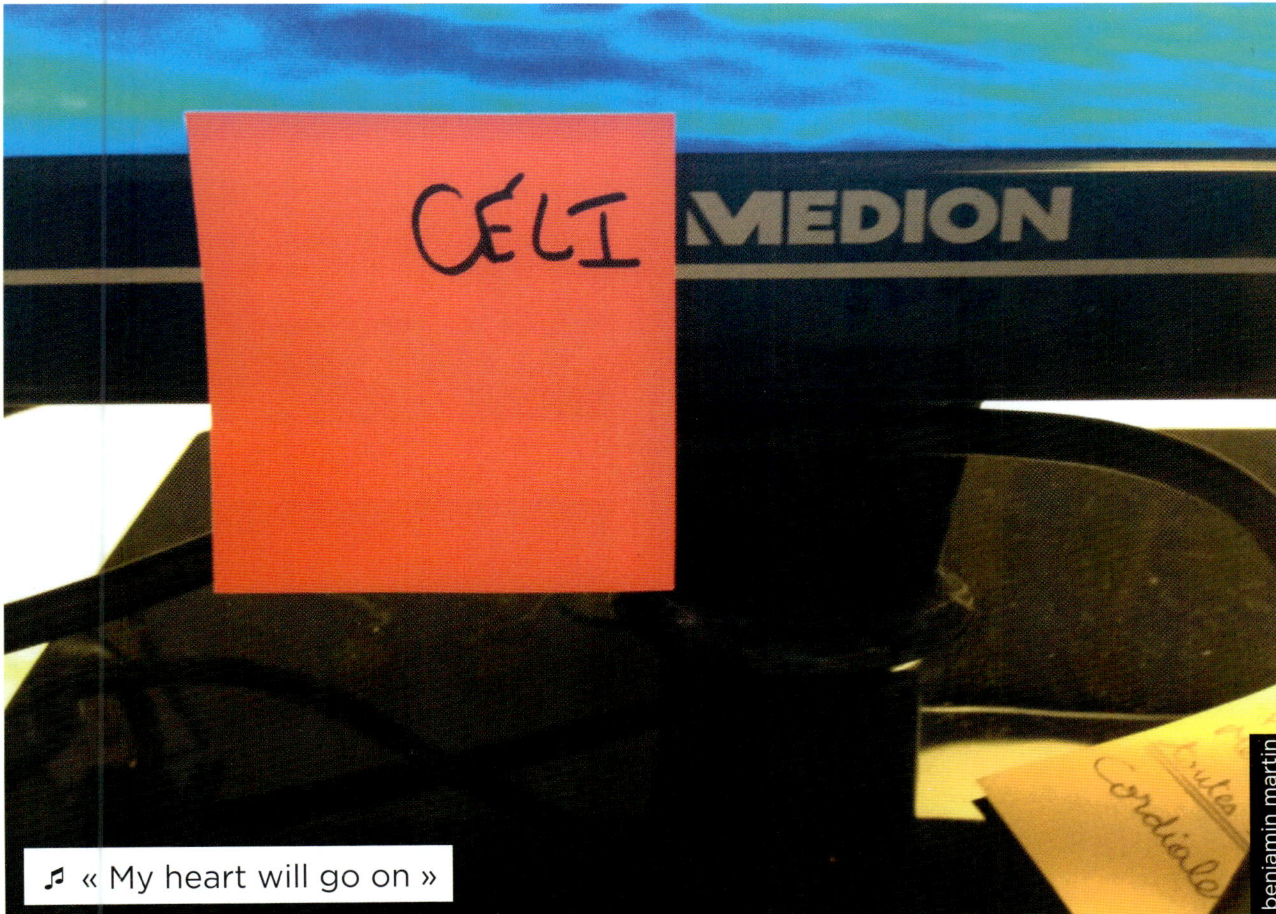

♬ « My heart will go on »

@_eagen_

A10S

Yoan

Pooh !

@GuillaumeTC

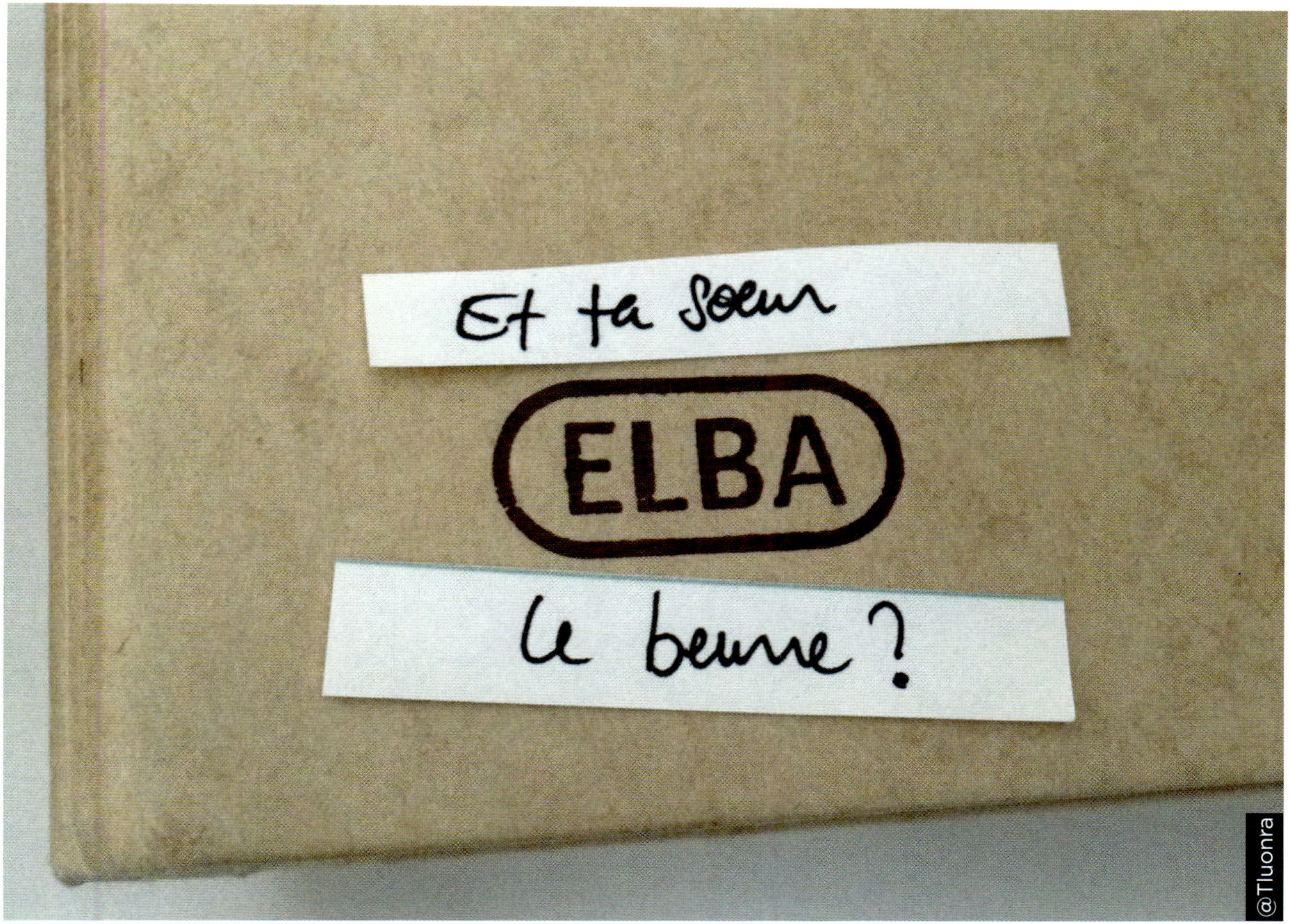
Et ta soeur
ELBA
le beurre ?
@Tluonra

Ça bosse dur !

Quand les claviers nous parlent…

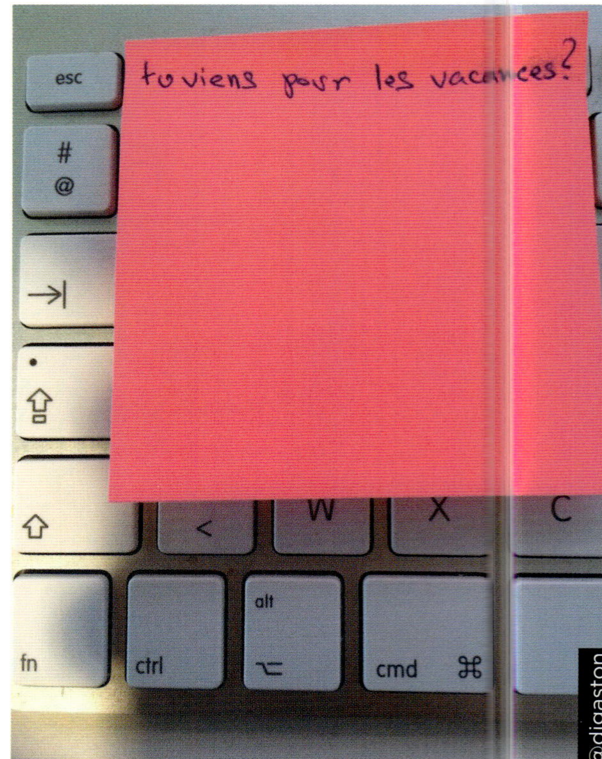

Dans la série TV.

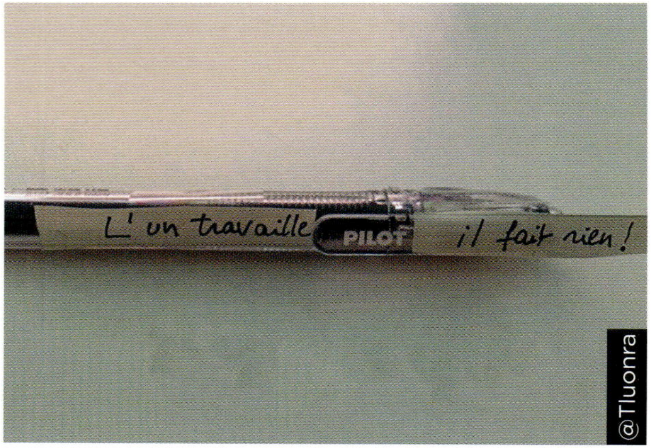
L'un travaille
PILOT
il fait rien !
@Tluonra

ATTENTION LES GARS ! C'EST UN VRAI CHAMP DE MINES PAR ICI !!
@VeryBadPanda_

@PatWheel
Chouette ! Y'a une rediff de
K
2000
MARKER

avec…

DAVID HASSEL
OFF
sin
cos
Min
@samparlebien

Pascal L.

Barry,
si tu nous regardes…

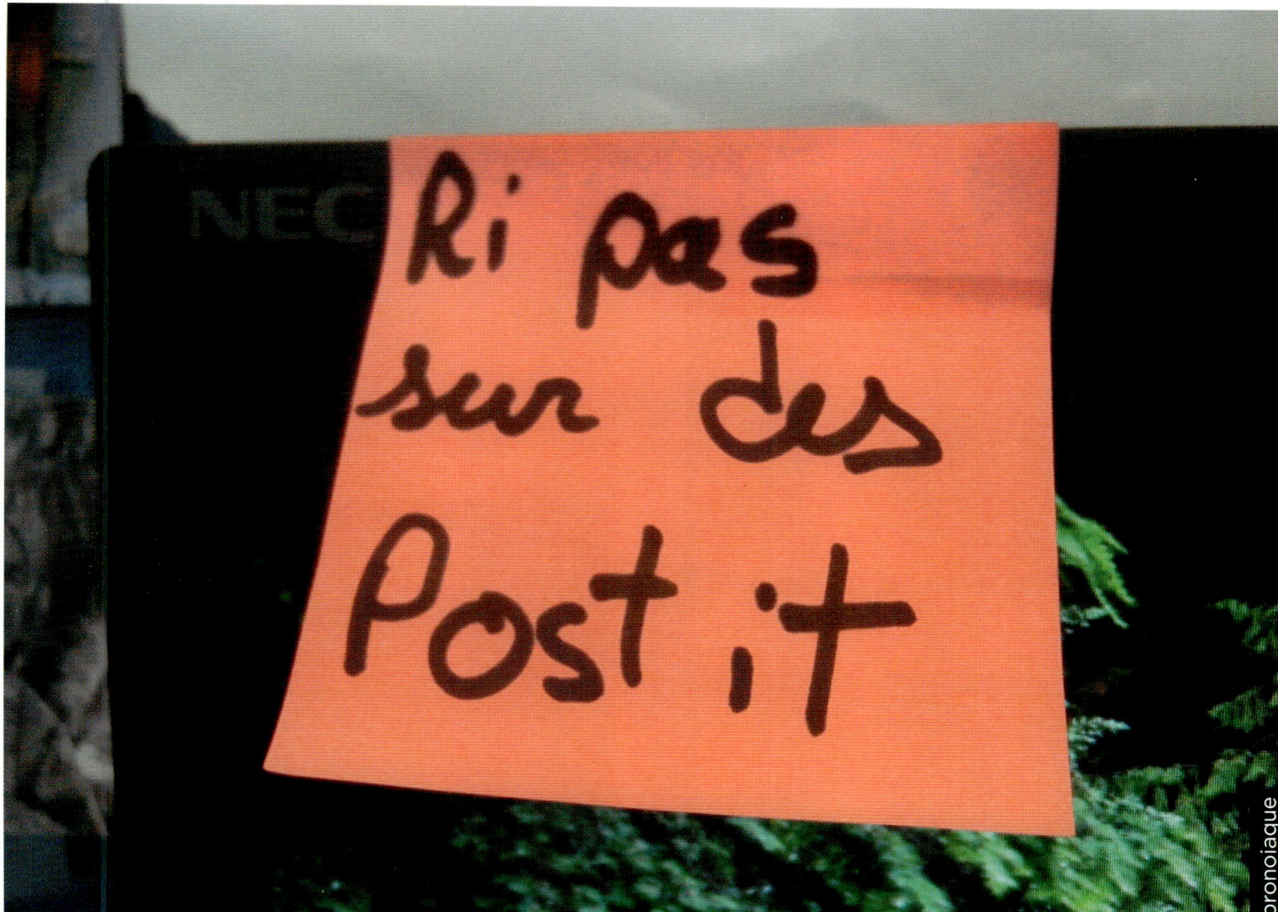
Ri pas
sur des
Post it
pronoiaque

DE GAUCHE
A DROITE
j'ai vu
demeco
rribles
Stefpadmonac

BIC
BEN
C comle Line

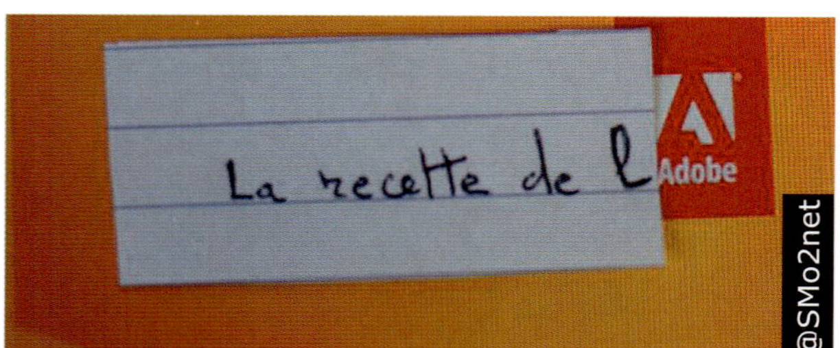
La recette de l
Adobe
@SMo2net

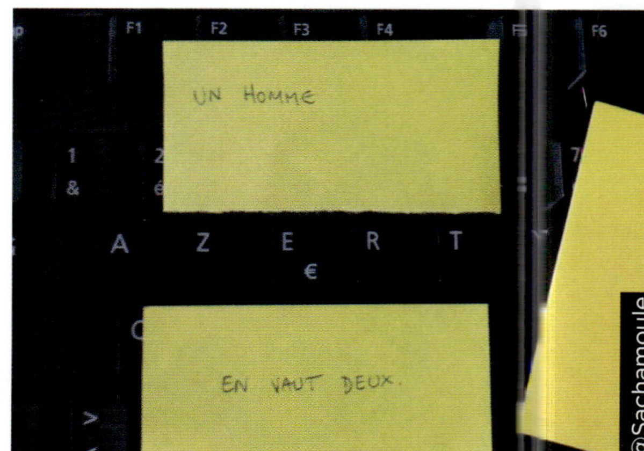
UN HOMME
A Z E R T
EN VAUT DEUX.
@Sachamoule

C'est bon, tout est sous contrôle.

@MinuteBuzz

Chuck Norris approved this.

@nounours_1er

Spécial Saint-Valentin.

chris2cayi

♫ Hommage à Patrick Hernandez.

Photo @TommeBlur sur une idée de @Antitrope

Une pinte de petits papiers.

On vous conseille de vous méfier.

Le nouveau prix Nobel.

Astérix et PERILS
Texte Jean-Yves FERRI
C'est toi qui vois.
Coco

Le premier qui me dit
que ça a déjà été fait...

Ils vont bien ensemble hein ?

Le vide à gauche
de la page 28
on en parle ?

À l'Élysée!!

Lise

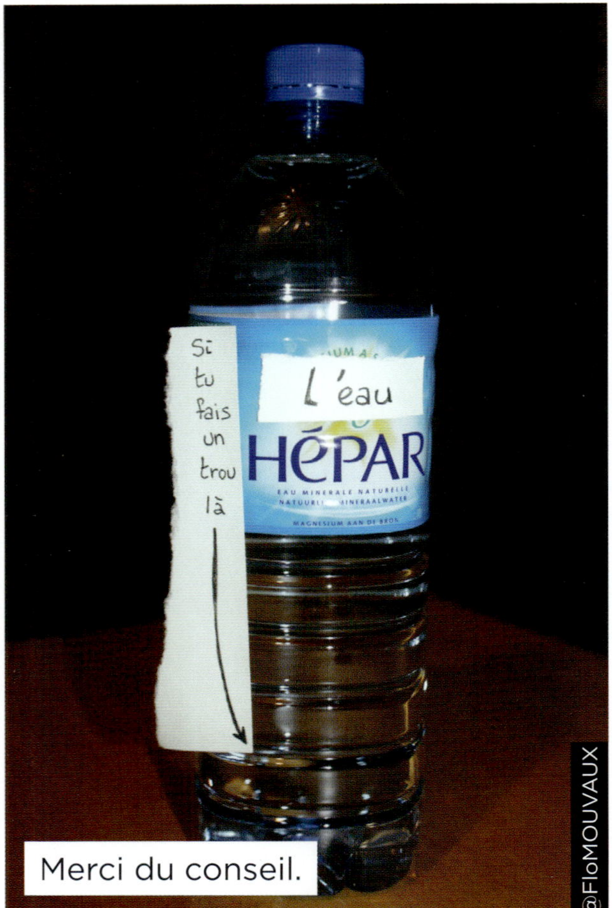

Merci du conseil.

@FloMOUVAUX

♬ On s'attache… lala lalala

Zitoun

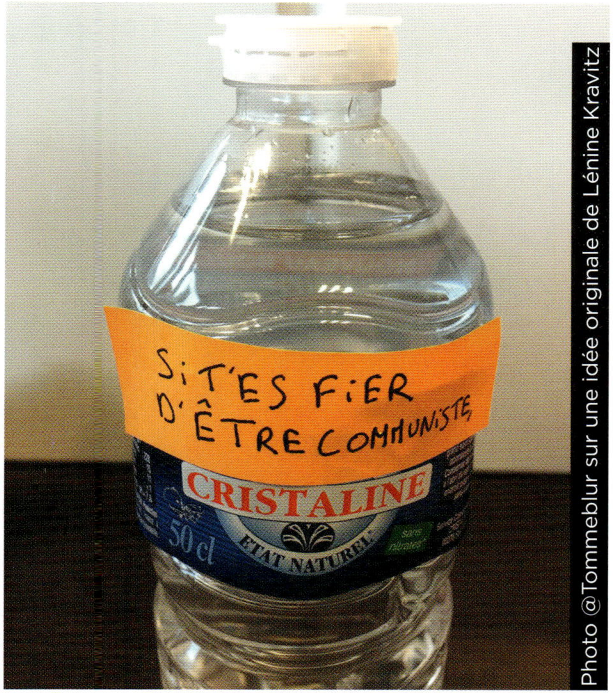

Photo @Tommeblur sur une idée originale de Lénine Kravitz

Supporters du bloc de l'Est, chantez !

♫ Nées sous le signe des petits papiers.

@Mb63110

La mer est basse.

@Ettenipuohc

♫ Hommage
à Jean-Jacques Goldman.

@a_duken

Grand Thérino.

@crissword

Ça fa t mal !

« VAS-Y AZIZ ! Elle avance pas ta 405, appuie sur… »

« Vite ! »

Tellement pulpeuse !

ktycath

Pélo

Un film de Mathieu Kessovitz avec Vincent Kessel.

@Mythocondriaque

@alexkimtran

♬ « De 1000-euh façons. »
Johnny, revisité.

La_Maf

#Scorpions

#Chanel

@ARingfinger

LAISSE LES
BANDOL
À VENISE
@Samparlebien

@Bref_je_tweet

Urgences.

L'or

QUI VEUT GAGNER D'
LUSSAC
ÉMILION
APPELLATION D'ORIGINE PROTÉGÉE
2013
MIS EN BOUTEILLE PAR LEROY CHEVALIER
À 33290 BLANQUEFORT - FRANCE
PRODUIT DE FRANCE
Leena

J'A
Dorelei
et les fines herbes
Ambrée d'Alsace
@do49

U
Huile d'Arachide
TAHA
@ARingfinger
1, 2, 3 Soleil !

TOUT L'
DELHAIZE
Mont
SE
calm
@do49

VINS DE BOURGOGNE
GRAND VIN DE BOURGOGNE
POMMARD
et Fred
CHÂTEAU DE BEAUNE, CÔTE-D'OR
@JeanPaulePanda

Pour la bonne cause.

Un revenant !

Les effets de l'alcool...

Pardon...

Si tu ne connais pas
les petits papiers...

♬ Abbaye de Leffe
Heineken touch the sky!

Mais pour @eutite ça veut dire beaucoup

Rihanna.

@ARingfinger

MEN. IN. Huile.

@lesliericci

C'était triste…

ORIGINAL TASTE
1L
PARTAGEZ UN
Coca-Cola
À
Hendaye*
Will always
Love You!
@VilaineMarie

Les frères...
Bock 1888 Damm
Premium Quality Dark Beer
NEGRA MUNICH
OF
@Tinathnath

Kool Fen et Joey Ftarr.

Promis !

@zazlazinz

#MCSolaar

@ARingfinger

Tu connais la boisson
préférée des Beatles ?

@LaiterieFayes

COINTREAU
L'UNIQUE
NIN
FAUT
Bibi8

OH MY GOD, THEY
KILKENNY
DRAUGHT
BREWED BY GUINNESS IN KILKENNY & DUBL
@zwaff

@annkmodolo

@Pouite

@WagGromit

Le Quellec

Captain Juju

Namios

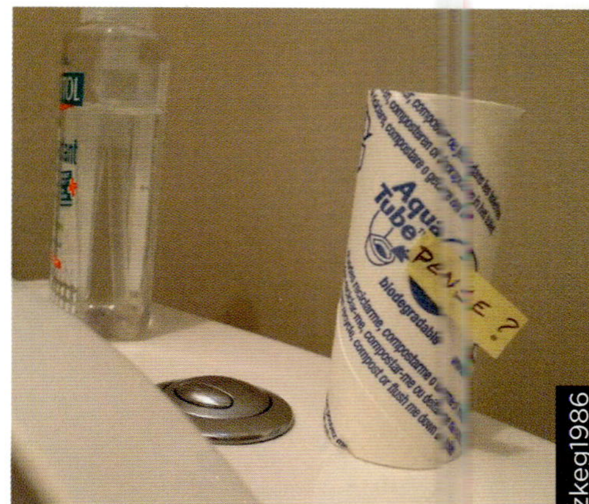

zkeg1986

@MADmoiselleStLo

Nicolas

Marpau

I'm not a bad boy.
@PlaysK

Dark Vador portugais.

@ARingfinger

Labottedelyonne

JE SAIS
QUE TU
L'AS FAIS
ANIOS PRO
Détachant Nettoyant Puissant
multi-fonctions
spray
Parfum fraicheur
750 ml
Formule garantie sans butylglycol
Roland

#People

GÉNIE
FER
LOPEZ
LAVAGE ET PRÉ-DÉTACHAGE
TOUS TEXTILE
so-aixiting

Inspiration du soir.

Les séries du dimanche après-midi...

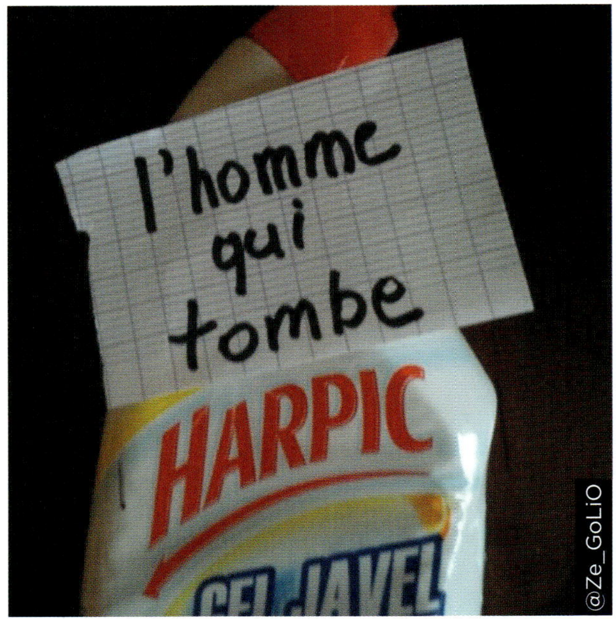

Dans la famille Simpson, je demande la mère. :)

Pélo

@MissAugine

♬ It's fun
to stay at the...

@TommeBlur

À PRENDRE OU
1
ALLÉE C
@nhvz

Ça vole pas haut !

Ouh ouh ouh ouh...

Image poétique.

Super programme.

Laissez rouler les petits papiers !

♬ Je suis le dauphin de la place Dauphine
Et la place Blanche a mauvaise mine...

Févé

(Aucun animal n'a été blessé lors de cette séquence.)

Un petit papier qui sonne bien.

Ouiiiiiiinnnnnn !!

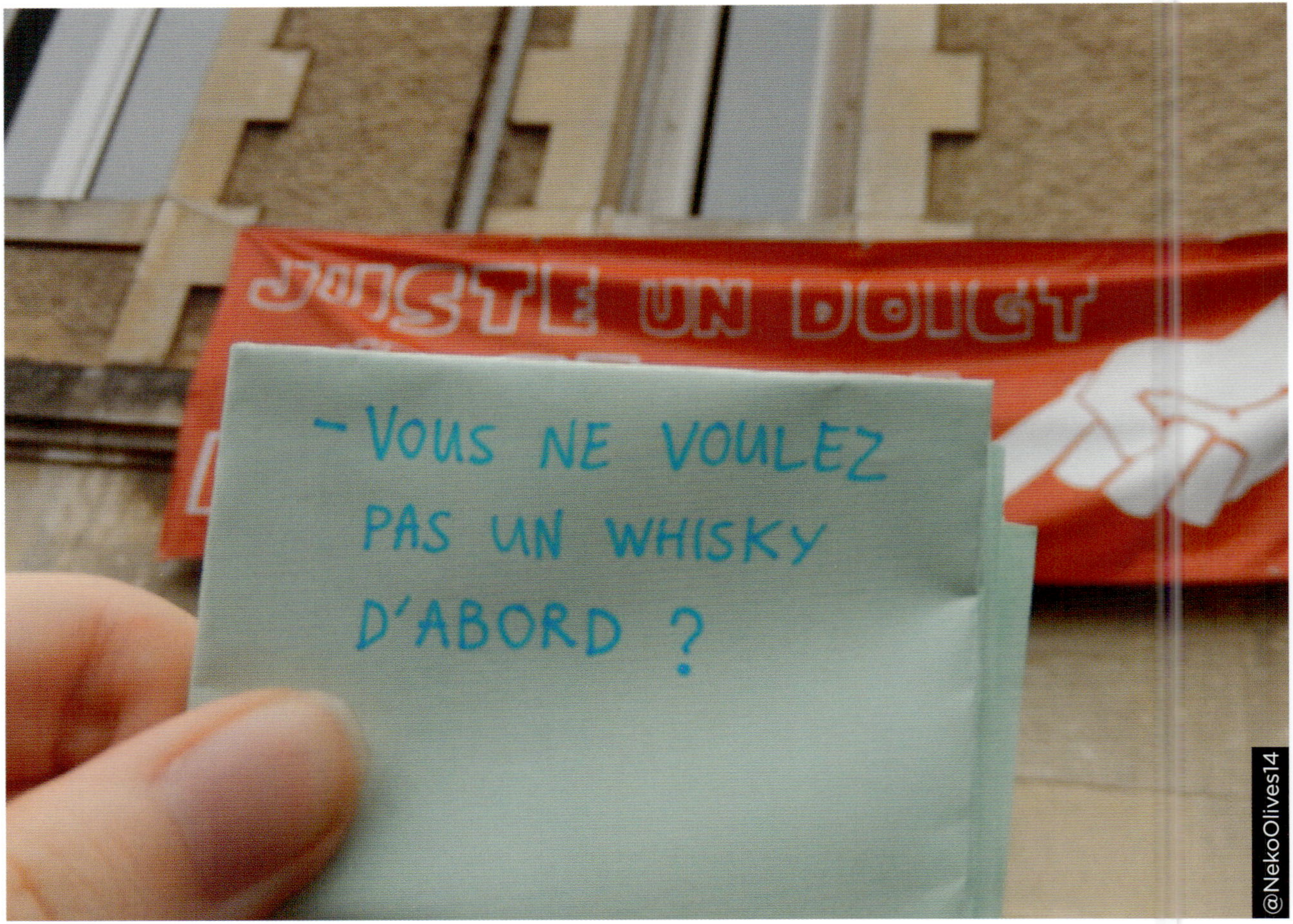
JUSTE UN DOIGT
- VOUS NE VOULEZ
PAS UN WHISKY
D'ABORD ?
@NekoOlives14

Cérémonie de clôture.

♬ Donnez donnez donnez,
Dieu vous le rendra.

♬ Exiting !
She's so exiting to me yeah !

Un petit papier
qui a du crédit.

Anne Bernex

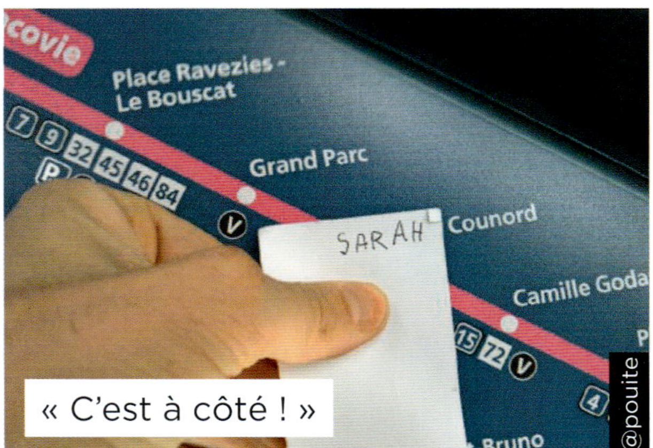

« C'est à côté ! »

@pouite

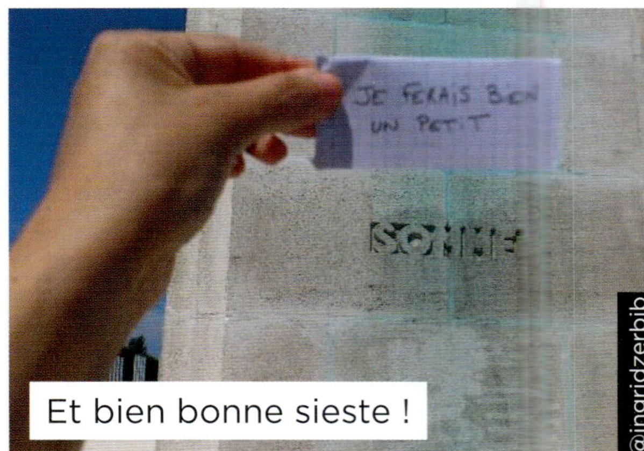

Et bien bonne sieste !

@ingridzerbib

Expression populaire.

Interdit aux
- de 18 ans.

ON T'ATTEND
POUR
La Pérault
@nhvz

HALL 1
Afflelou
@NekoOlives14

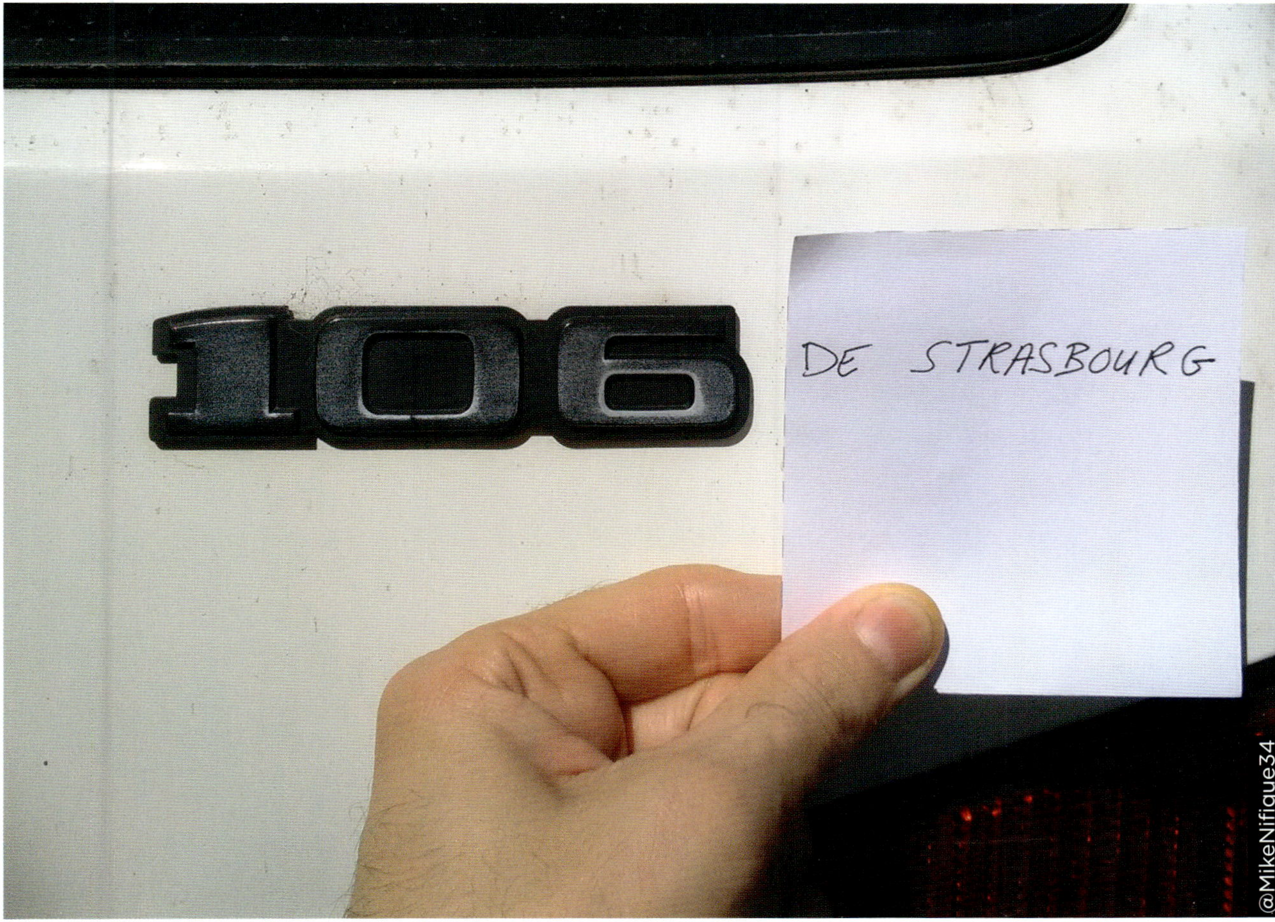
106
DE STRASBOURG
@MikeNifique34

J'SAIS PAS
COIF'HAIR
COIF' HAIR
@NekoOlives14

ABOIE
MAIS
NE
MAUREPAS
3.5t
@SanTTchez

GEOGES
BASSENS
Gae au Goille !
@YannArBranov

♫ Nooooooon rien de rieeeeeeeen, Nooooooon...
Zen Orient
Regrette
@Mythocondriaque

♫ Tous les petits papiers, les SOS…

@JeanPaulePanda

@MADmoiselleStLo

@annkmodolo

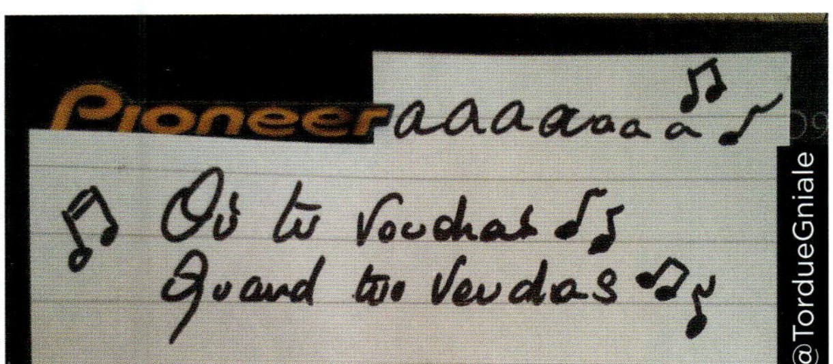

@TordueGniale

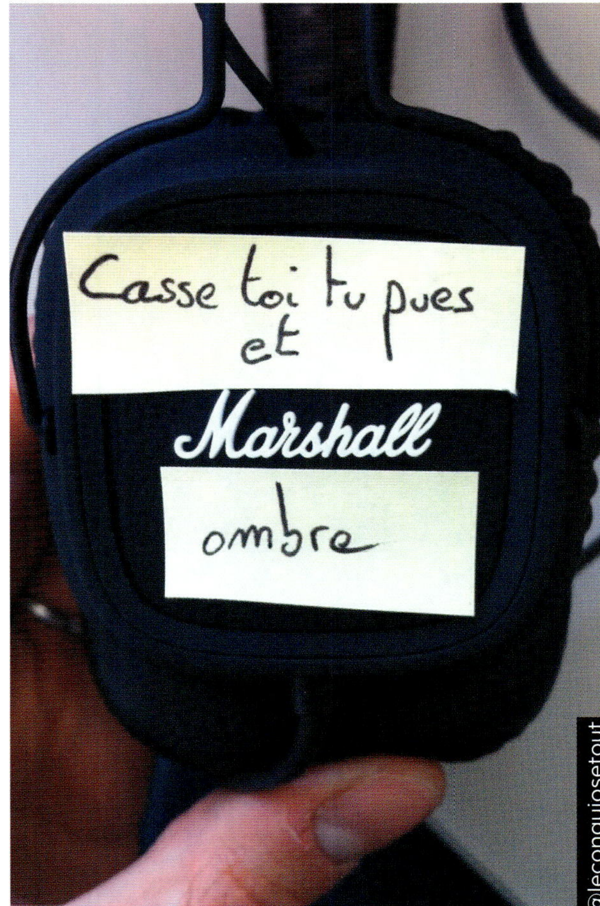

@leconquiosetout

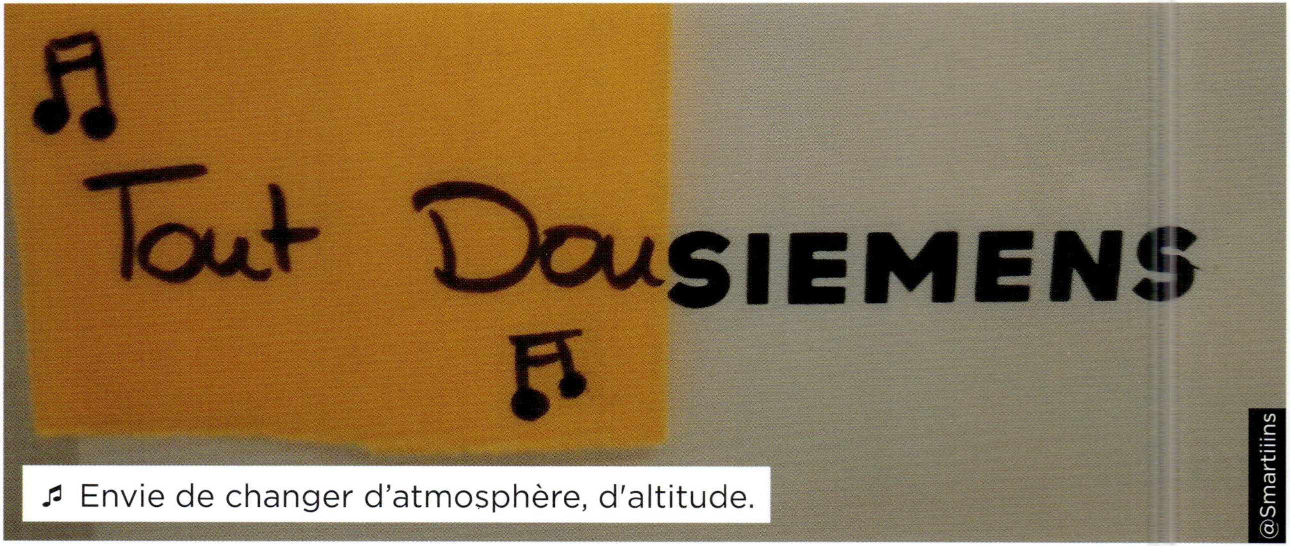

♫ Envie de changer d'atmosphère, d'altitude.

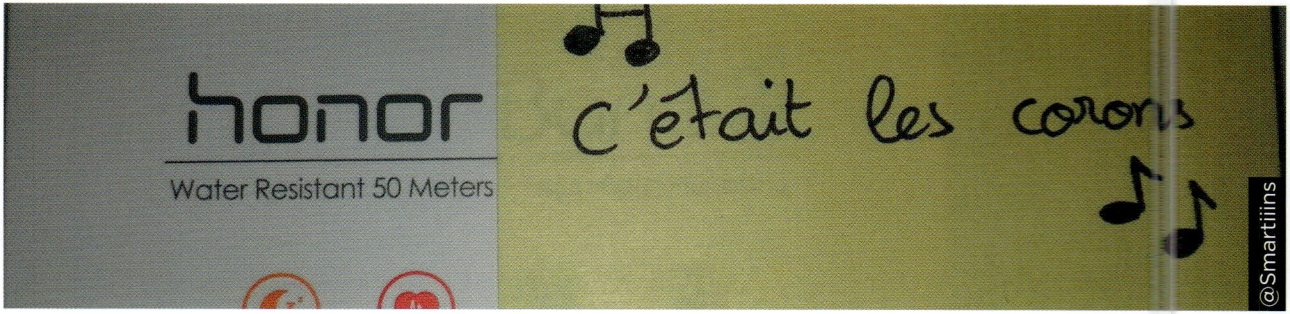

♫ Hommage à Brassens.

ZAN3713
NON, MAIS
ZANUSSI
NE COMPLÉTEMENT !
C'EST DU DÉLIR.
1600W
Gadzo

Corde à Sauter ... Hé Hé !
ROm41n

♫ Tombola.

♫ Façon "Tragédie"!

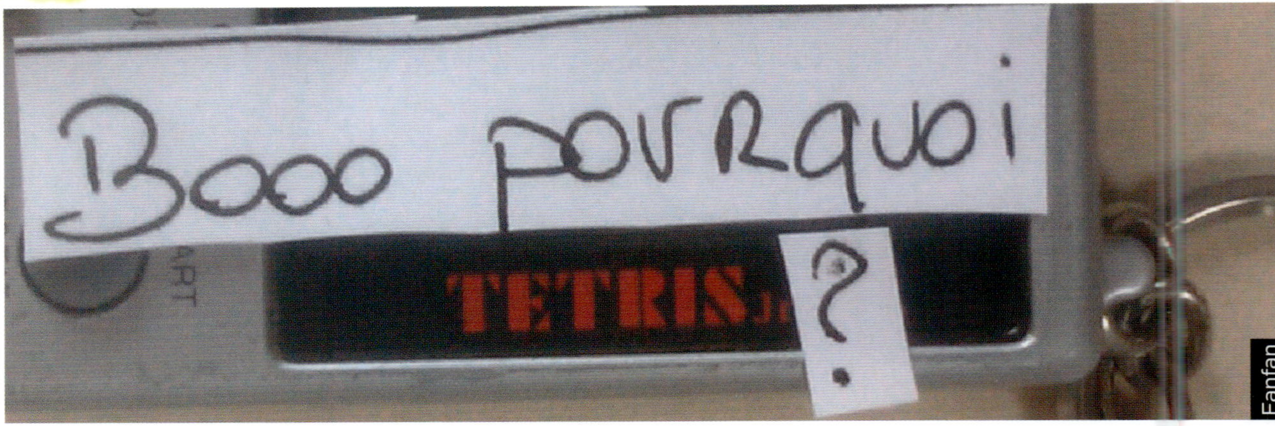

Fanfan

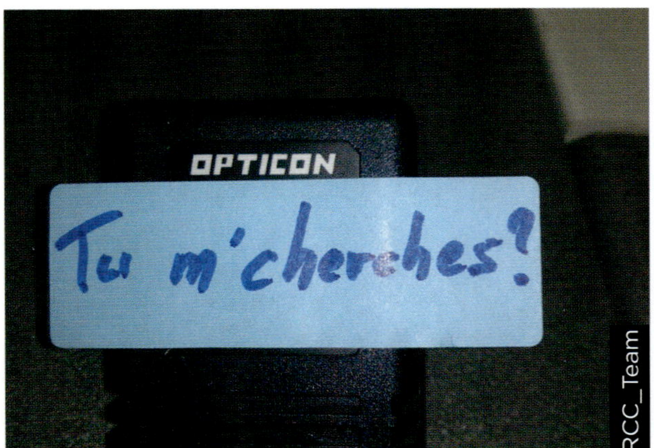

RCC_Team

Jeancouscous

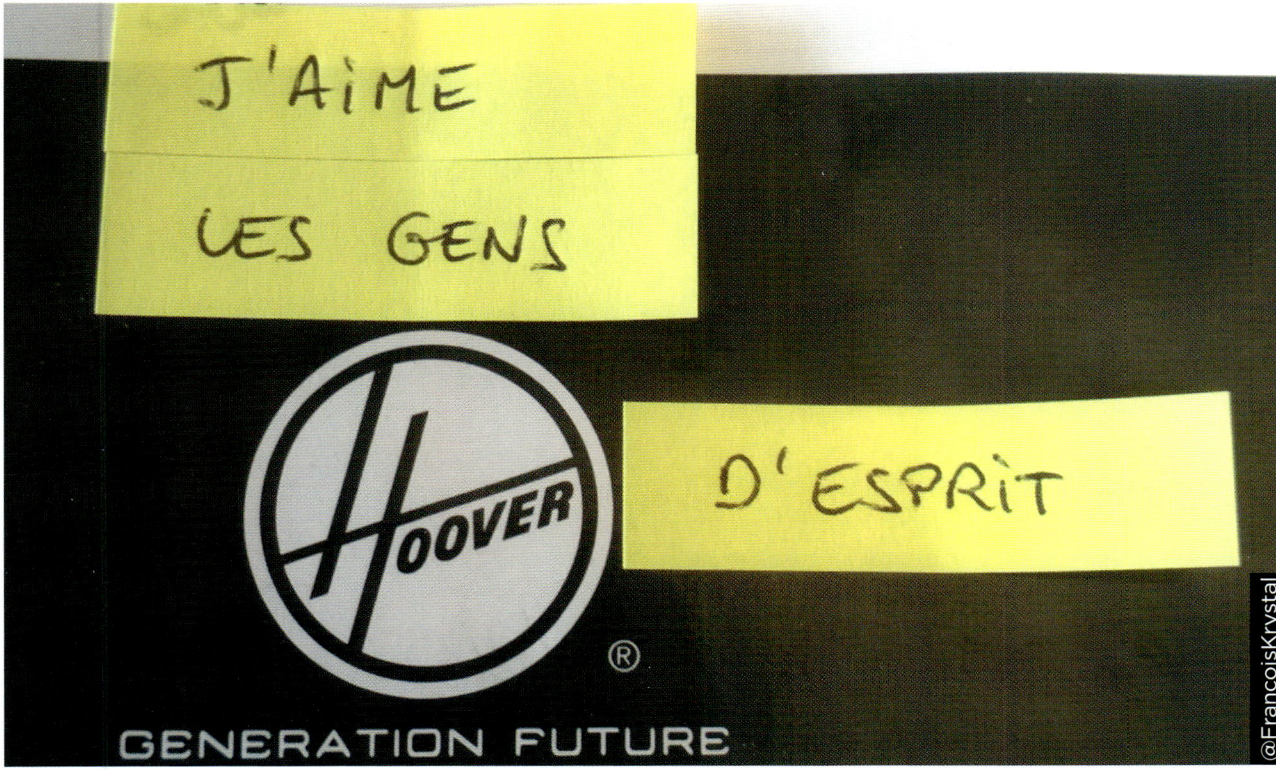
J'AIME
LES GENS
HOOVER
D'ESPRIT
GENERATION FUTURE
@FrancoisKrystal

Simon Warhol

La révélation quand j'ai posé mon vernis. ^^

AP
LUSH
DANS LE
BUSH
harlez79

@FrancoisKrystal

so-aixiting

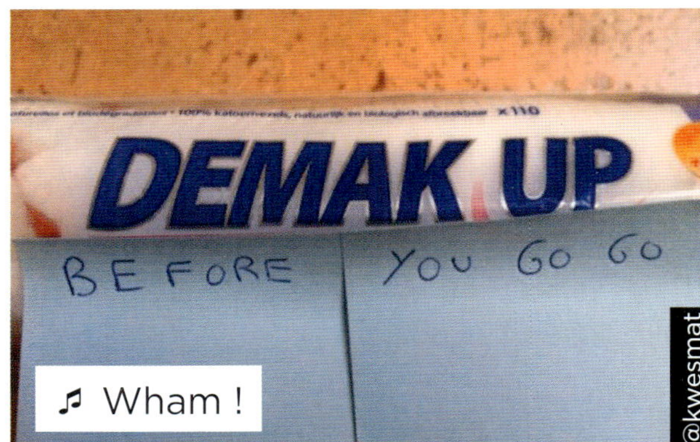

♫ Wham !
@kwesmat

♫ Pourvu qu'ils soient doux.

Lanceleur

En chanson
c'est bien mieux !

lotus
Style
160
Cotton Buds
ET BOUCHE
COUSUE
leblogdemamma.tumblr.com

Bah alors !

melanie-cln

Laissetumbl

♫ Les petits papiers, c'est ça qui rend heureux

@adetheus

Chuut !

@Good_LuckLgk

Céline

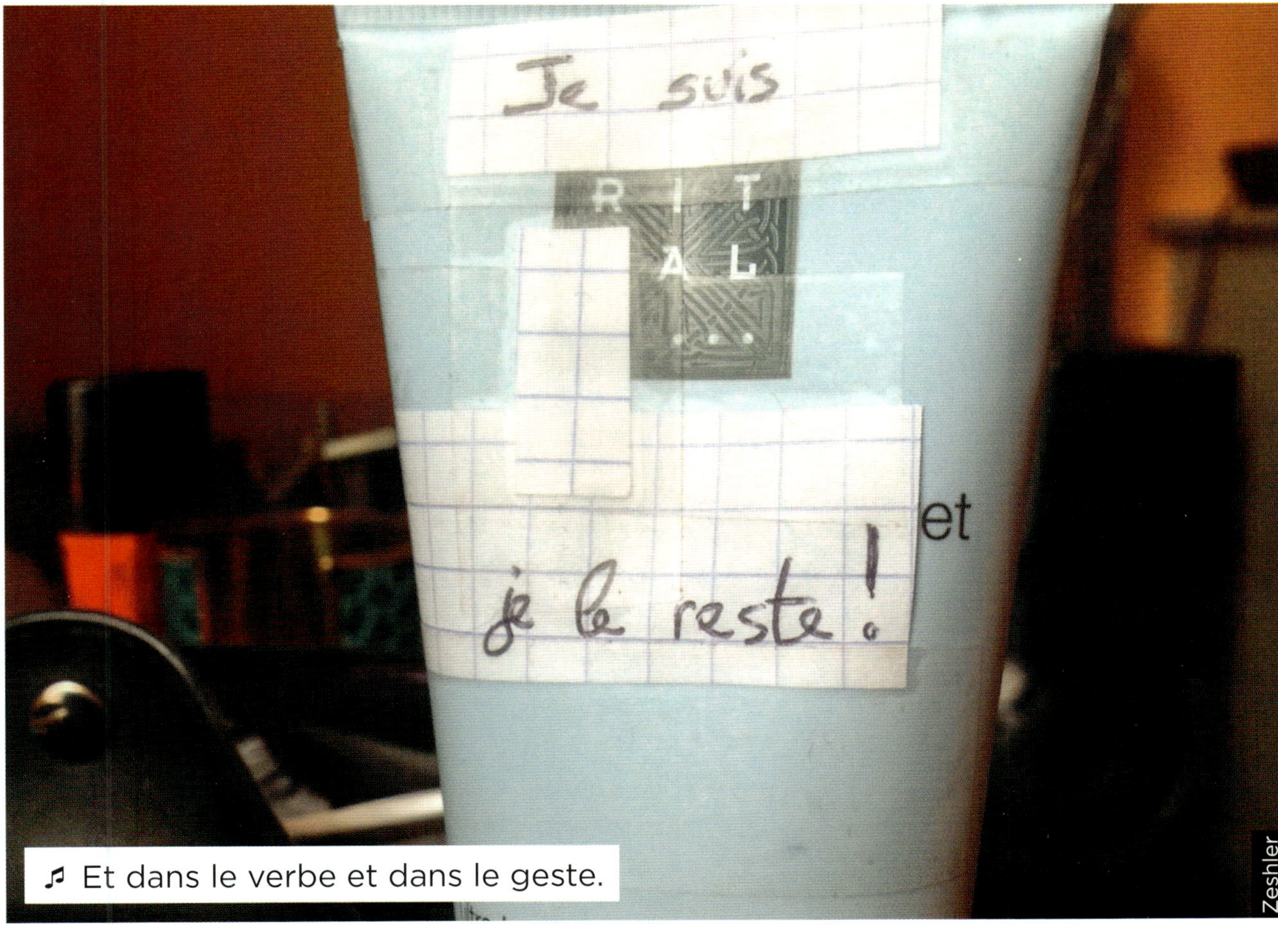

♫ Et dans le verbe et dans le geste.

DUNDEE
@Samparlebien

♬ Toutouyoutou !

♫ Mes biens
chers frères,
mes biens
chères sœurs
Reprenez avec moi
tous en cœur.

@ARingfinger

#MiseEnGarde

@ARingfinger

et Muriel Robin.

@JeromeBroda

Adkine

♫ Hommage à Kylie Minogue jeunes années

Au choix.

Dites moi pas qu'c'est pas vrai !

Ministre de la
télé-réalité ?

Elle est partout !

La mise en abîme ultime.

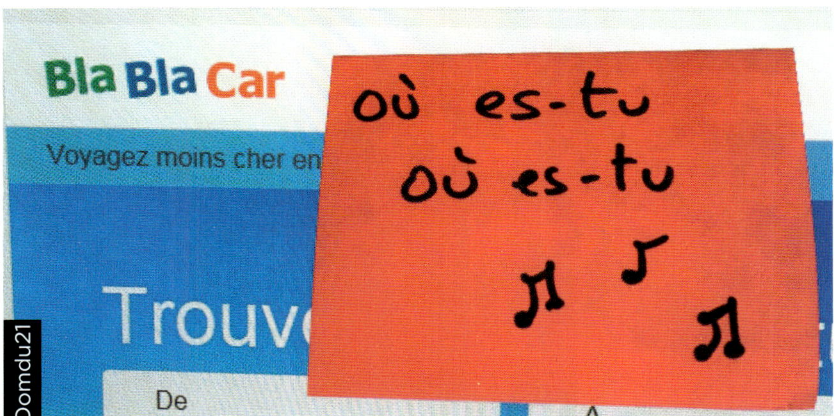

♫ Johnny Hallyday revisité.

Alexia

Y'a du people au village d'Annecy !

Kamaro.

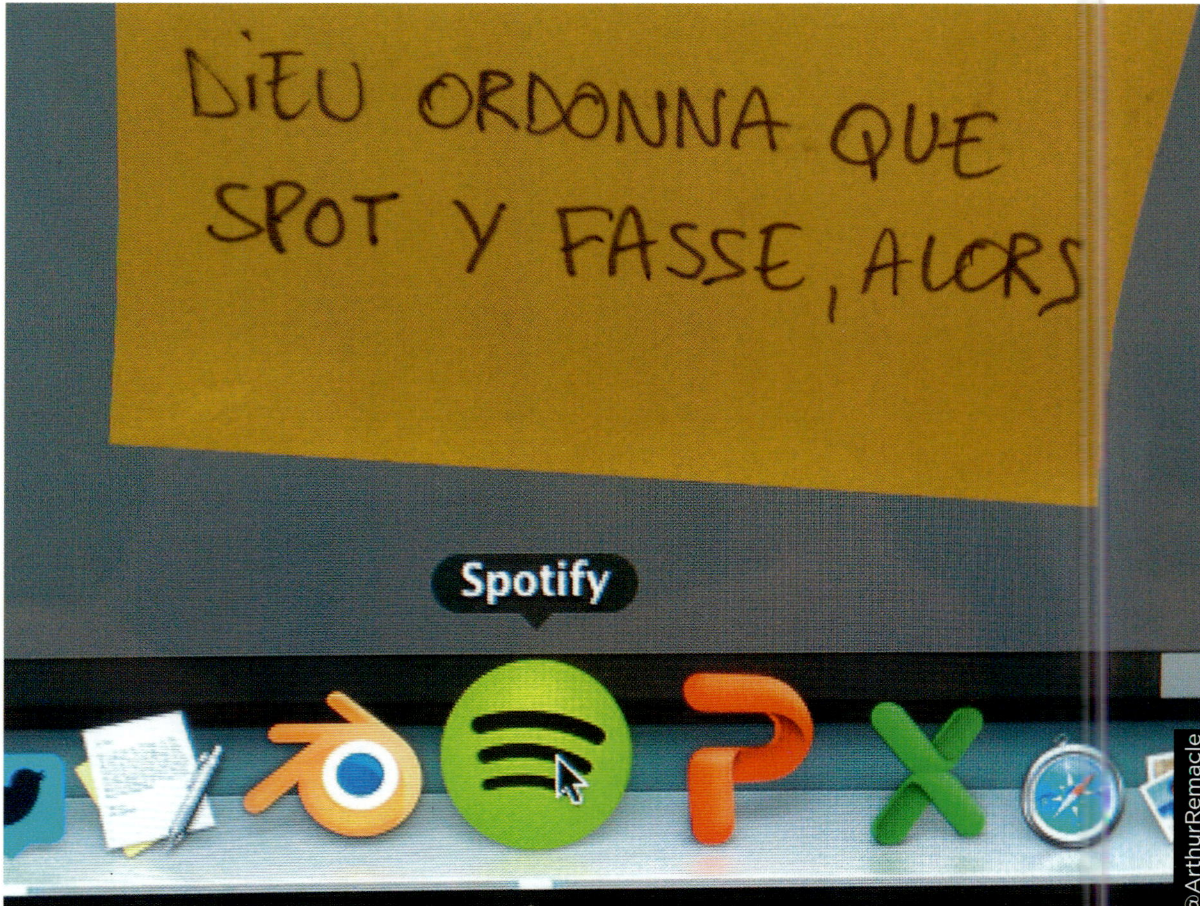
DIEU ORDONNA QUE
SPOT Y FASSE, ALORS
Spotify
@ArthurRemacle

RALPH LE RENNE
@CmMouche74

IL FAIT SI FROID
Dior
@Tluonra

AINSI PARLAIT
ZARA THOUSTRA
@BiblioBouc

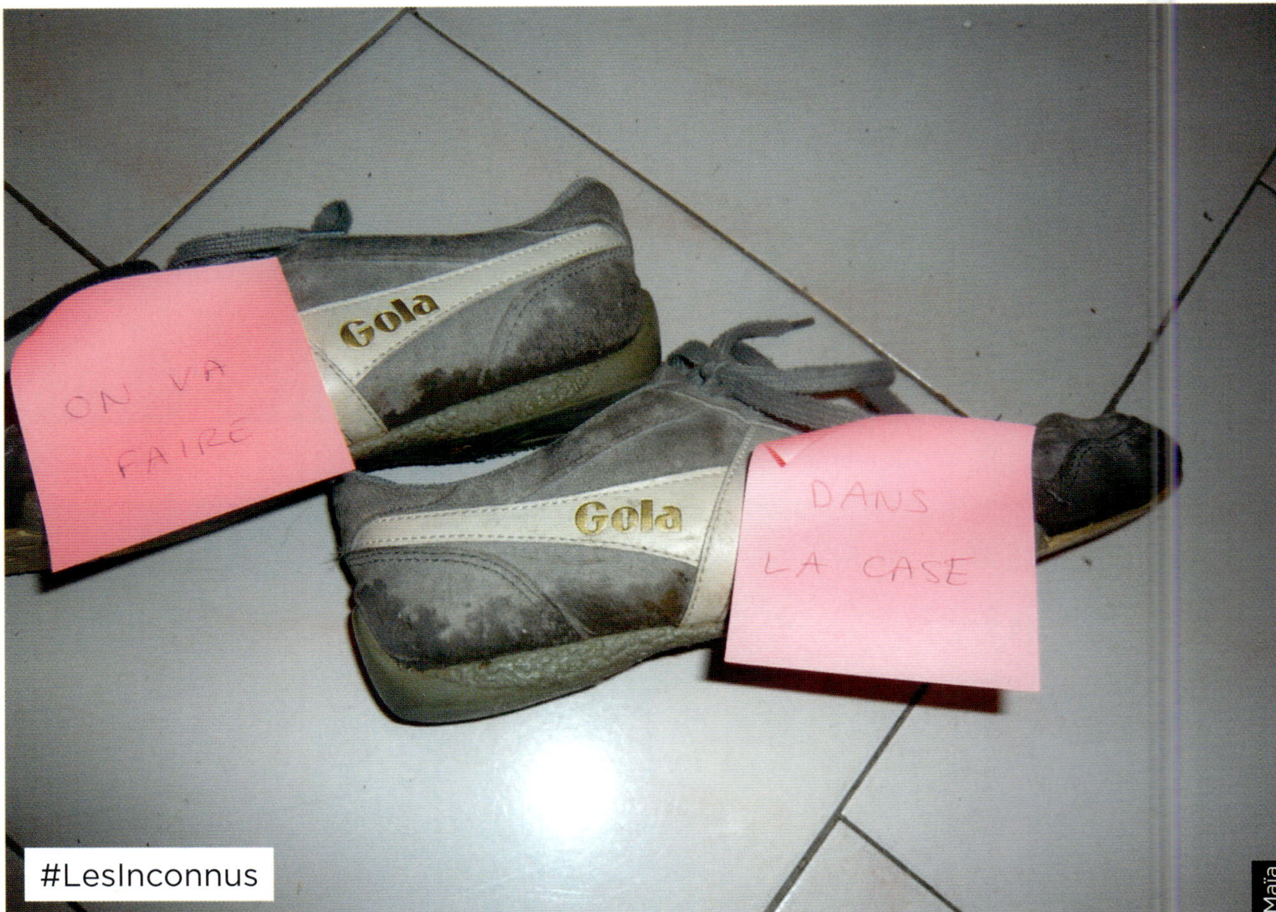

#LesInconnus

grossecoupure.tumblr.com

Moumoutte

@FannyRapahansaranjan

Un petit papier de la jungle (niveau expert)

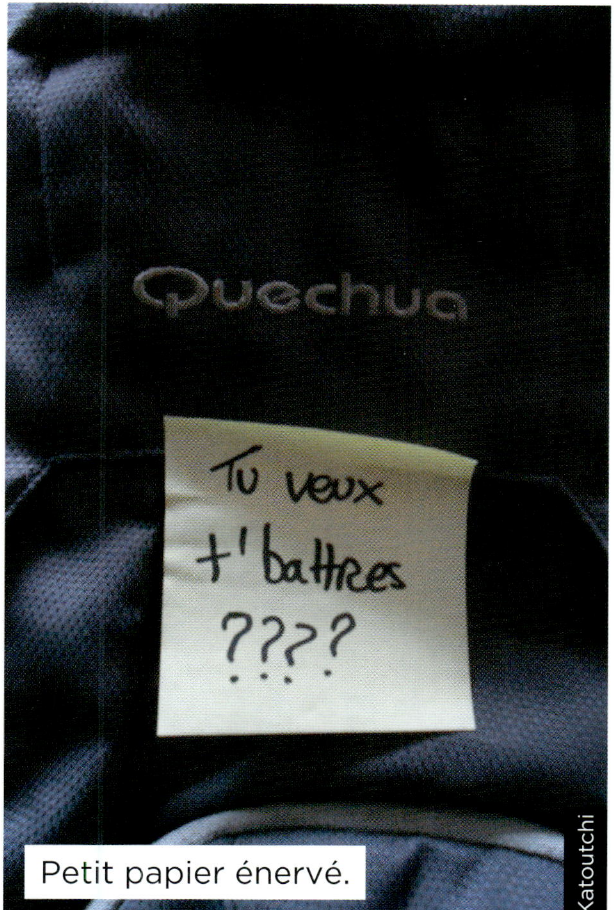

Petit papier énervé.

Katoutchi

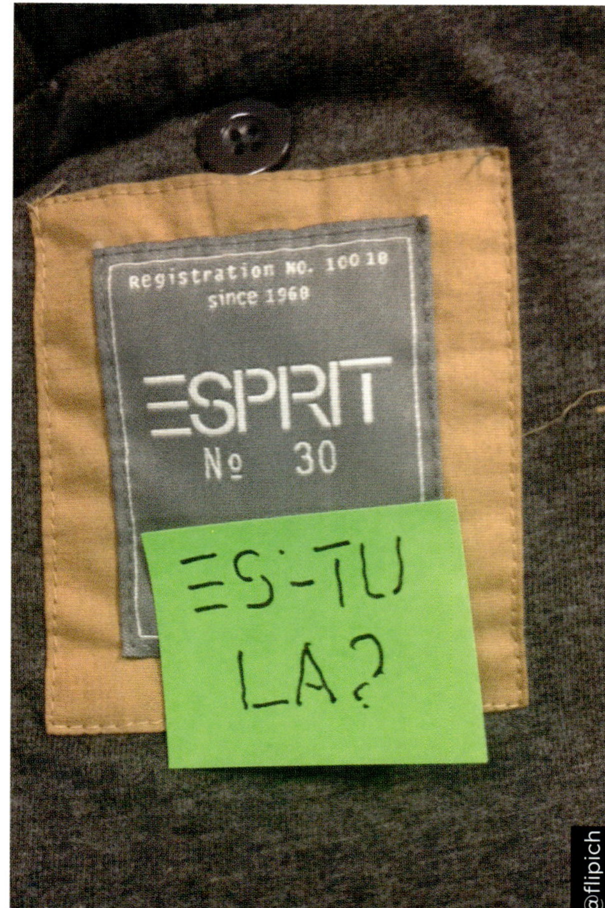

@flipich

GAME OF
TRONES
Sobada

Lillois

@flipich

Un peu de culture.

@ARingfinger

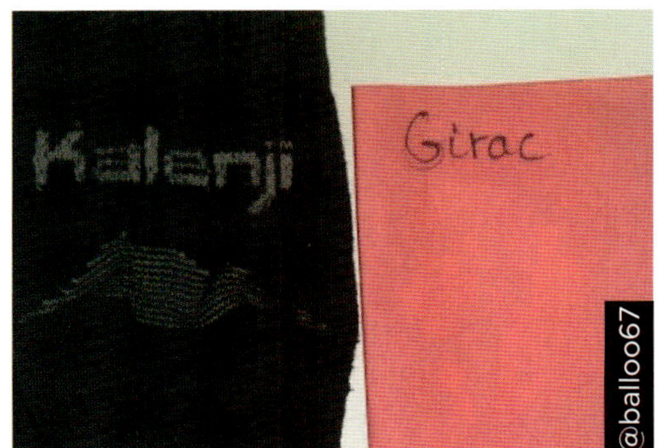

@balloo67

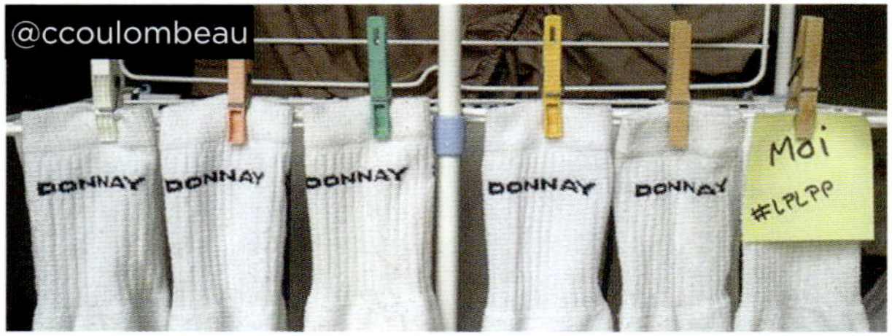

Spirit of Enrico en étendant les chaussettes (j'ai honte)

Vers l'infini
et au-delà ! Je suis...

Tin tin tinnnnnn.

Ce matin, un
lapim a tué
un chasseur...
C'était un
La pim
kie
avait un
fusil...
@MADmoiselleStLo

JESUS
Krys
Vous allez vous aimer
Avant j'étais un petit papier,
mais ça c'était avant.
@lesliericci

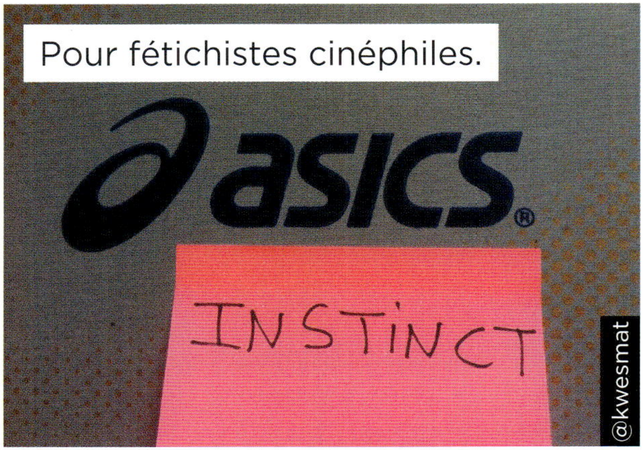
Pour fétichistes cinéphiles.
asics
INSTINCT
@kwesmat

Pour se protéger des pluies bretonnes !

Ben

@JMDetournay

@JeromeBroda

Il va vous faire aimer la poésie.

Dessert.

Sandwich.

@ARingfinger

Fanfan

@JimiJimiFu

Suivez le cachet blanc...

Gramcox

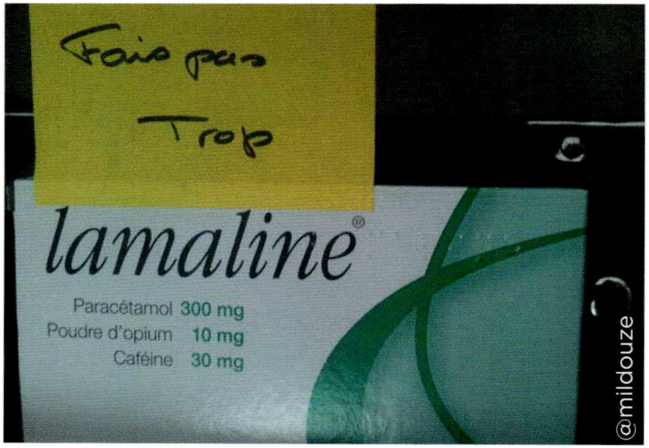

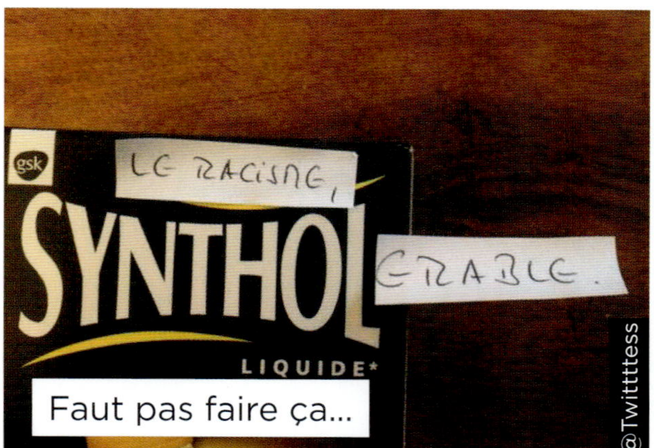

Faut pas faire ça...

Point Chantal Goya.

Céline Dion.

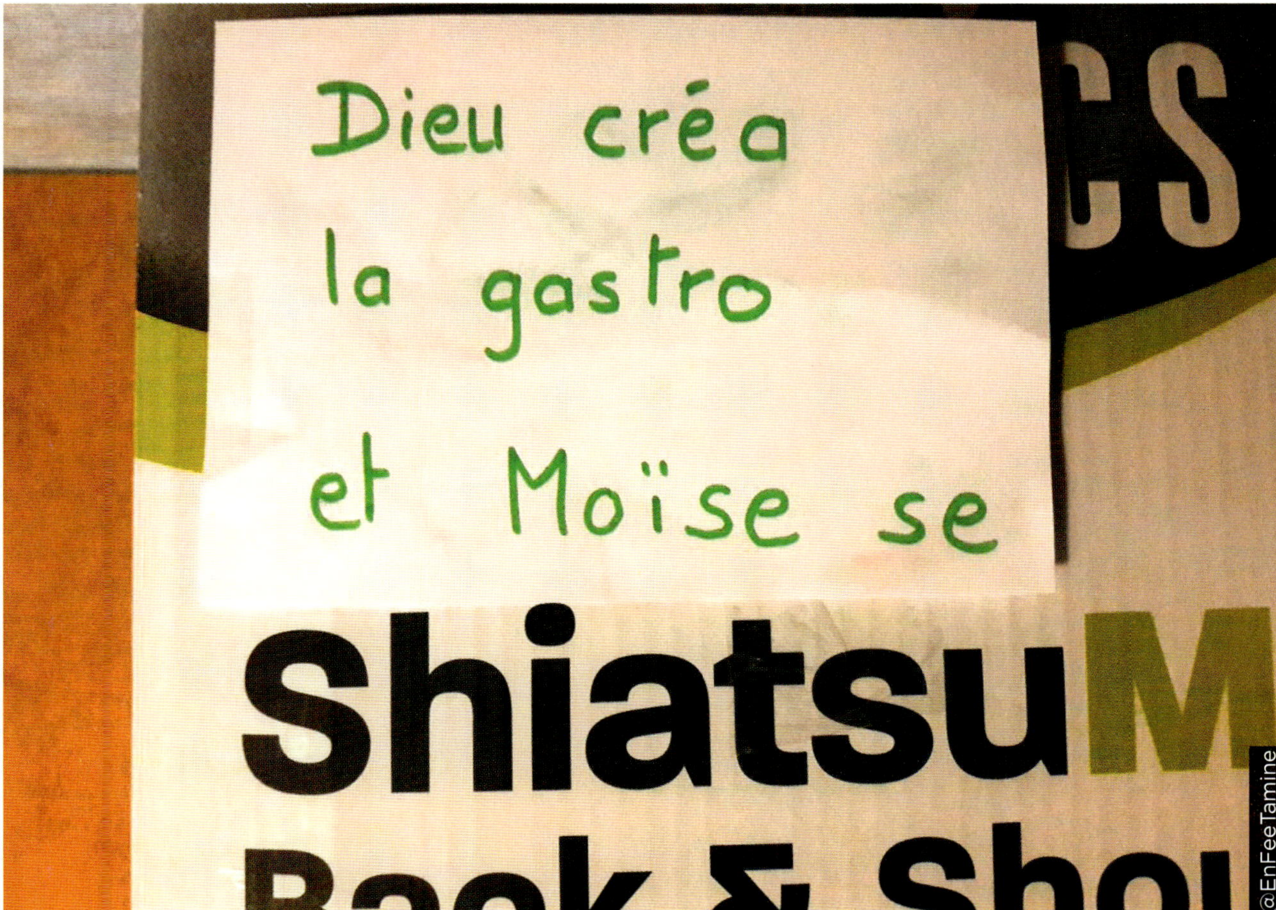
Dieu créa
la gastro
et Moïse se
CS
ShiatsuM
Back & Sho
@EnFeeTamine

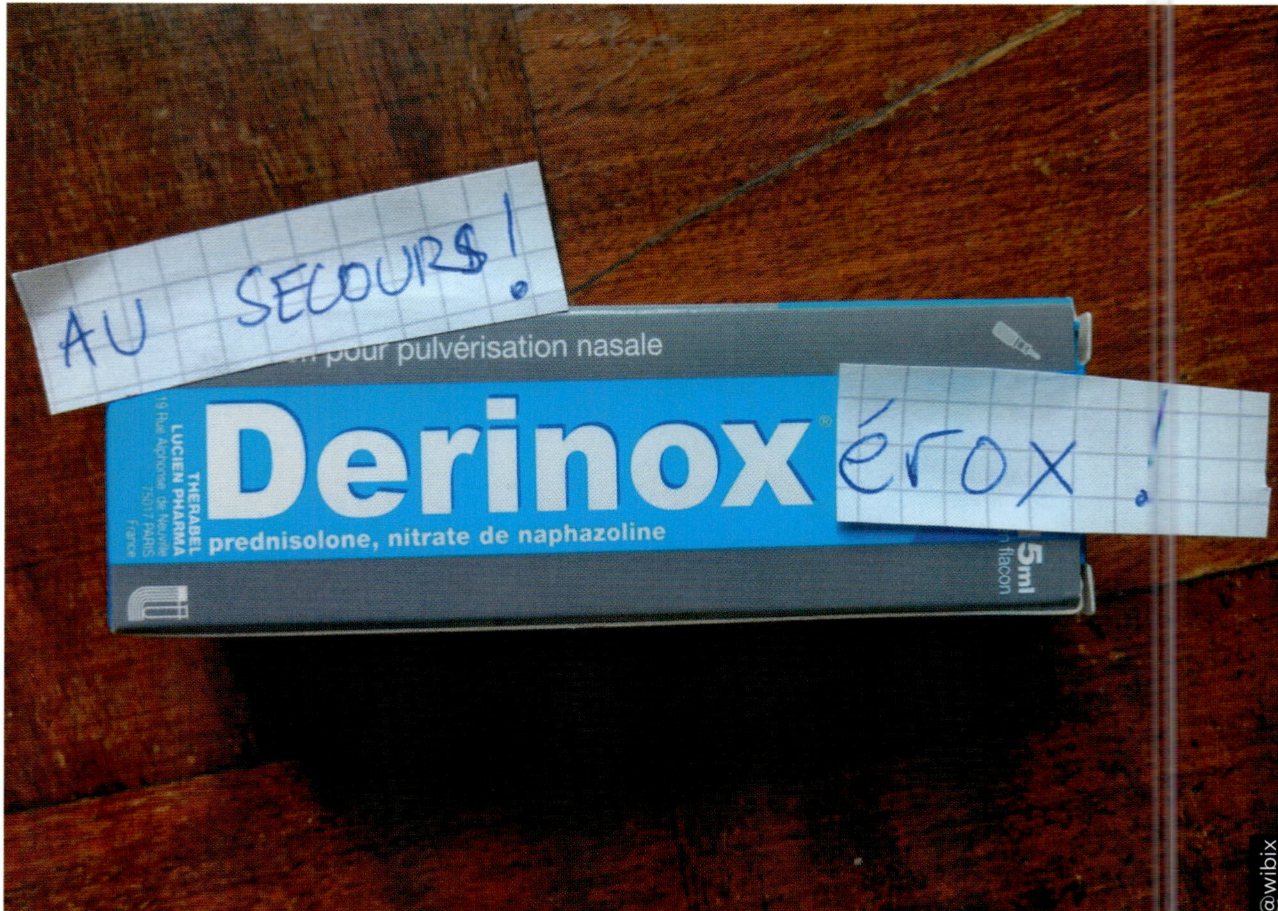
AU SECOURS !
pour pulvérisation nasale
Derinox
érox !
prednisolone, nitrate de naphazoline
THERABEL
LUCIEN PHARMA
19 Rue Alphonse de Neuville
75017 PARIS
France
5ml
flacon
@wibix

Bonne question !

@METACAPUCHE

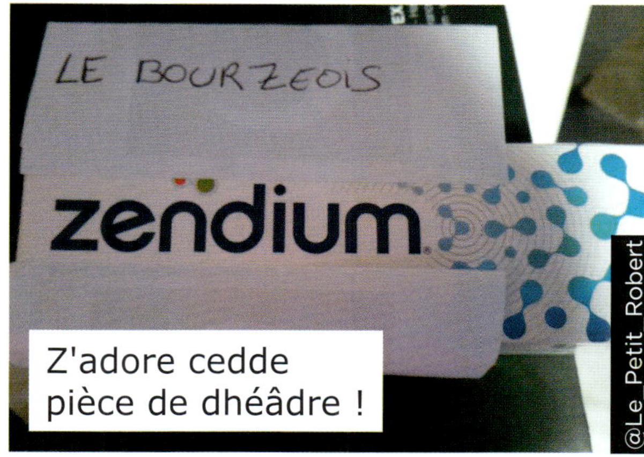

Z'adore cedde pièce de dhéâdre !

@Le_Petit_Robert

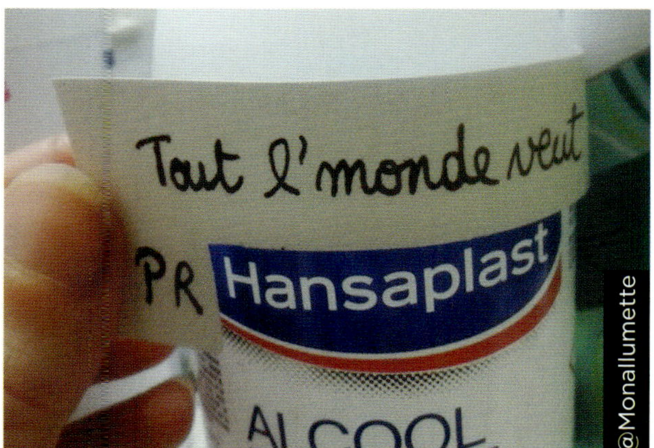

@Monallumette

♬ Alors c'est la panique sur les boulevards..

Romain

TWIX
A
SAINT-TROPEZ
@wibix

Chat sent mauvais, non ?

@FrancoisKrystal

♬ Step by step.

BenjLeBenj

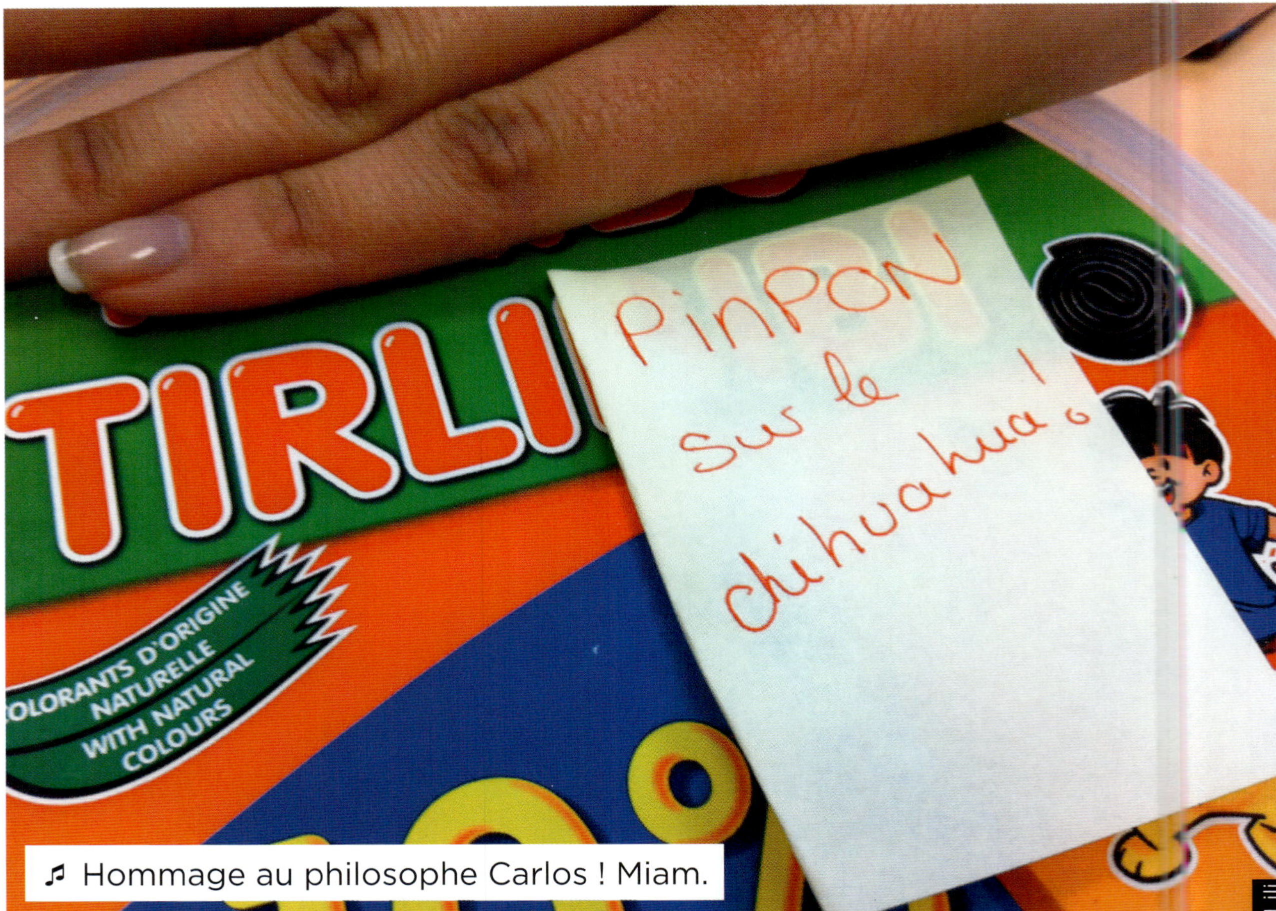

♫ Hommage au philosophe Carlos ! Miam.

Ph Urie

Antoine

♪ Joe le dessin.

@Dzeis

@WagGromit

MAILLE
UNE MAILLE A L'ENDROIT
Framboise de Bourgogne
et pointe de Basilic
UNE
MAILLE
A L'ENVERS

Thierry

Petit papier from the block.

@Lecroissantbleu

@SalvadorDalida

@annkmodolo

Ce soir sur TF1.

@ARingfinger

deber
JE N'AI BESOIN
SONNE EN
HARLEY
DAVIDSON !
GirafeCosmique

Police des chats.

Mathias

BenjLeBenj

@manuinsa

@GaylordNSUADI

Cancre tu es, cancre tu resteras !

BigBoB

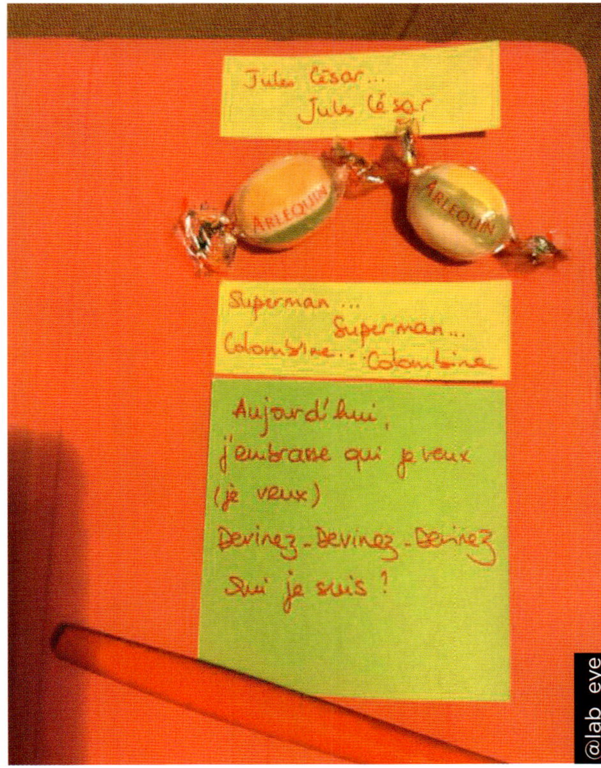

♫ Decalécatan,
décalécatan.

♪ vit toujours dévêtue.

Pascal

Pikar
Câpr
i c'est
Fini !!!
CYRNOS

Conservation : +6°C max.
A consommer jusqu'au :
15 - 02
L'i
du
BiO
Village
Source de calcium
@YannickClearch

@lesliericci

Fabrice

@lesliericci

Math.B

@ouimenon

MadameZ

Mouvement de hanches.

Brasiiiil !!

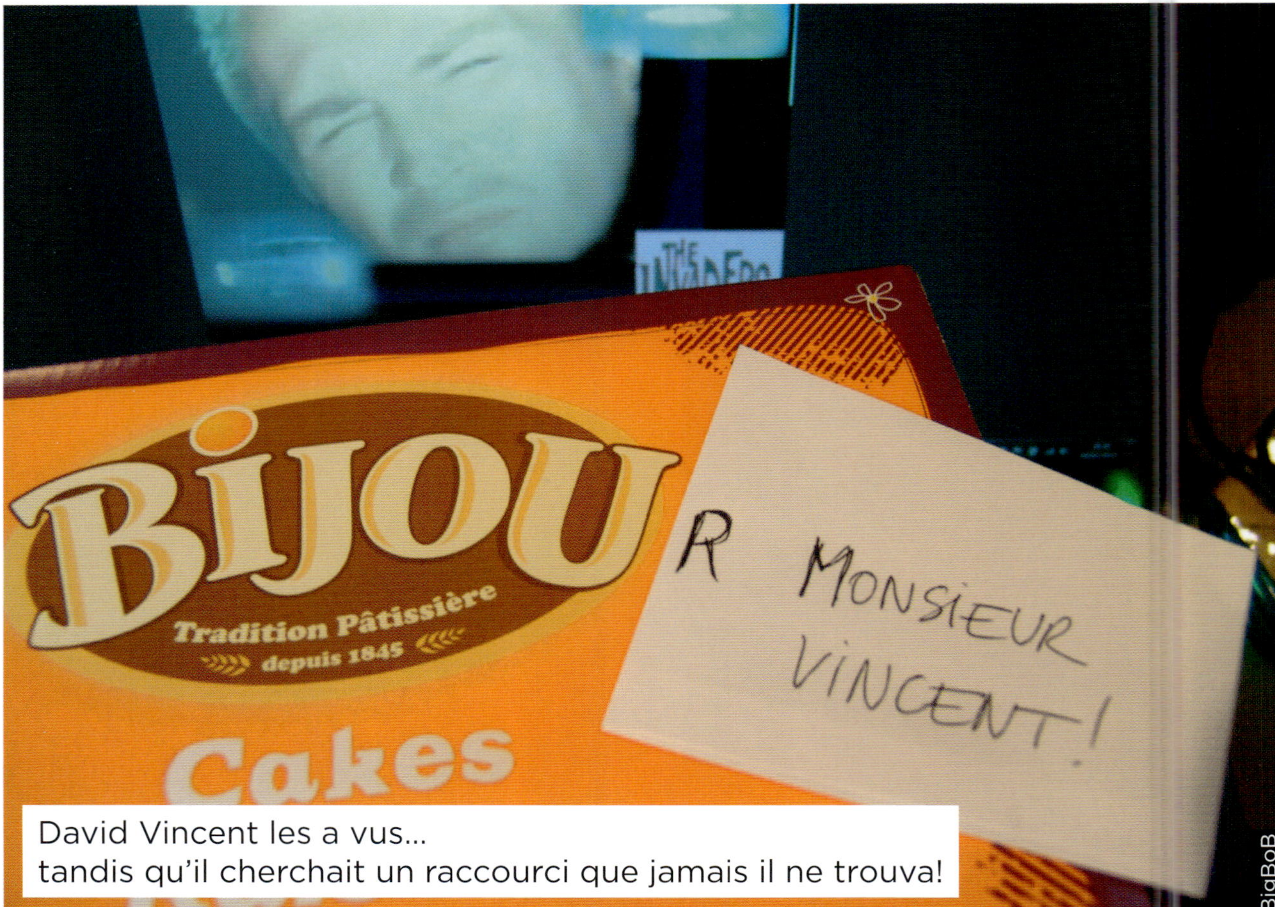

David Vincent les a vus…
tandis qu'il cherchait un raccourci que jamais il ne trouva!

Céline

@avocabama

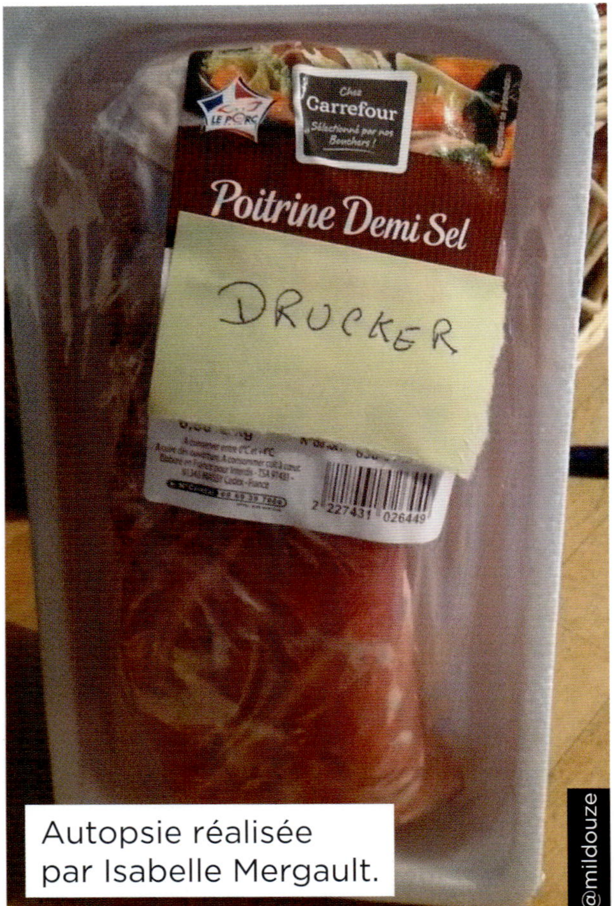

Autopsie réalisée par Isabelle Mergault.

Royco
Minute Soup
MAKKELIJK HERSLUITBAAR
FACILEMENT REFERMABLE
Royco
SIFFREDI
Pascal L

Zahida

Frites de cristal.

Zkeg1986

Robin

J'AI LE
POUR TOI TU
Béghin Say
Sucre
Poudre
@fredandtheworld

@Samparlebien

Gynécologie.

@Feminelles

Note pour plus tard : mettre une légende pour combler le trou.

Parce que c'est important !

Magdala

Stéphanie de Monaca.

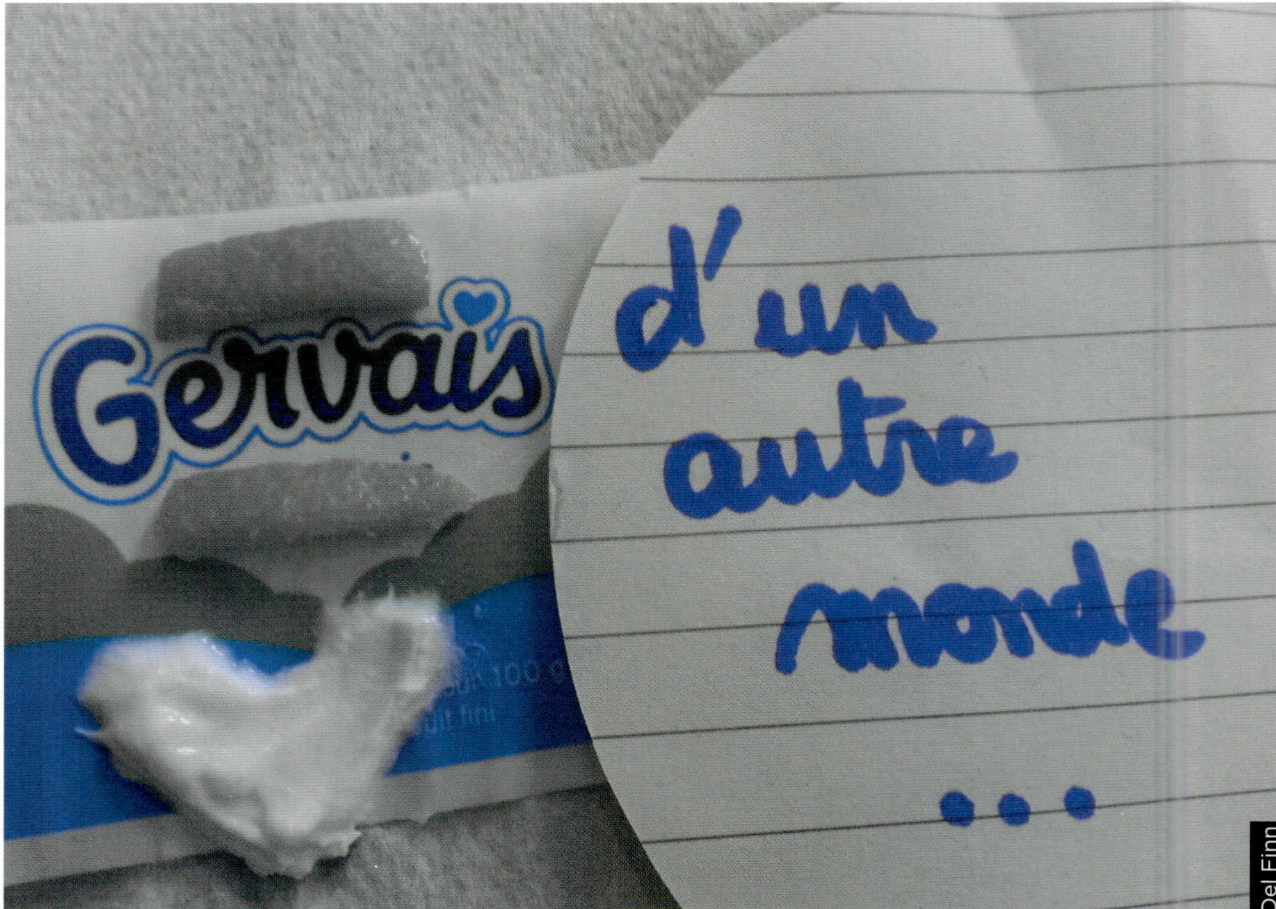
Gervais
d'un autre monde ...
Del Finn

@Mb63110

@ARingfinger

@lesliericci

Maryline

GAGNEZ !
UN PAR SEMAINE
CAMBRIDGE
SATCHEL
www.tyrrellscrisps.fr
Tyrrell
Hand Cooked English C
SEA SALT &
CIDER VINEGAR
PERFECT WITH A BIT OF BATTERED COD
150g e
i PIMPON
SUR LE
CHIHUAHUA...

Moustic

Raging Pepper.

Marianne

La bande à Bono.

@ARingfinger

Pélo

BigBoB

PRENDS
LA
Vico
MME
ELLE
VIENT !
@leprofvico

@RemynouLeChat

Oui parce qu'en
Belgique,
on prononce
"Stromaille"
et non "Stromaé". :-)

Magdala

@ARingfinger

♫ #SpiceGirls

Smell like
Spirit
SAVEURS PRÉSERVÉES
Ducros
Thym
Tijm
@Mythocondriaque

Nirvana.

♫ Baisers et coquillages.

… car on conserve
le goût de recevoir.

Marie
BMW COUPÉ
Cabillau
LET
sauce citro
Riz aux petits légumes
Pélo

@gribrouen

Hommage à Culture Pub.

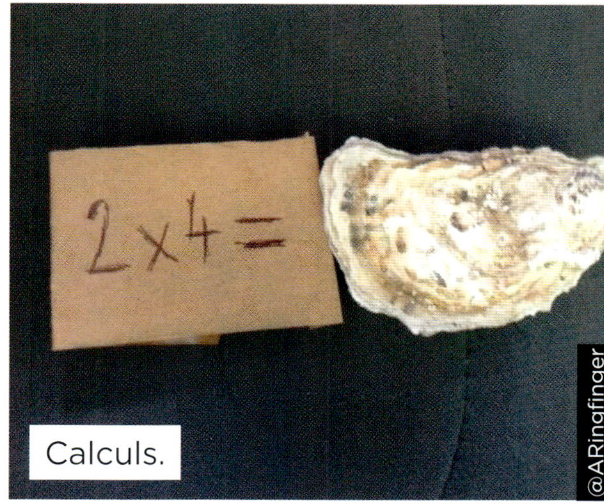

Calculs.

@ARingfinger

Pezaro

GUNS N'
rosaces de pomm
CUISI
(inédits)
@Hernstburgler

Bonbon rancunier.

@lab_eye

Je vous demande
de vous arrêter !

@ARingfinger

Pamela Anderson reviens !

Angélique

♫ Le petit papier s'en va dans la montagne.

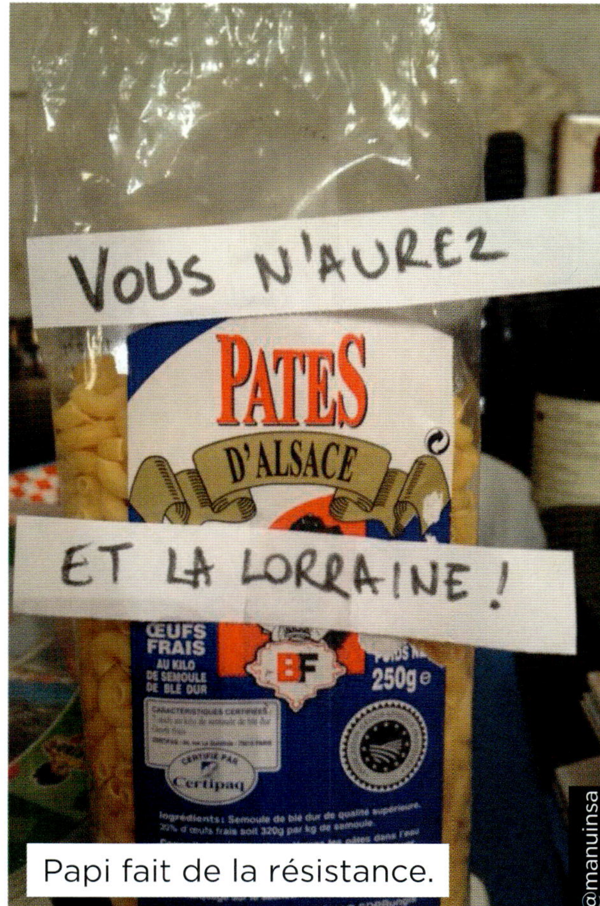

Papi fait de la résistance.

C'EST
DU
BR
GE !
Ricola
Alpin Fresh
Bonbons Suisses
aux Plantes
sans sucres
@collegno71

Poids net : 200 g
(2x100g)
Brousse
WILLIS
À consommer
jusqu'au :
@ARingfinger

ATTENDS
KETCHUP
ET TU RIGOLERAS
MOINS !
@chlohuynh

J'ai mes R
ANANIA
@Mickks69

Skittles
TUE PAS, TE REND
PLUS FORT.
@afleurot

Laissez parler les
Tipiak
pieds !
@MsieurZ

Pirates !

@ARingfinger

R. Kelly et fines herbes.

Série télé.

@Lecroissantbleu

Ça cuit comment ?

rccteam

Ça date !

Sandwich Disco !

Le saviez-vous ?

@partof_

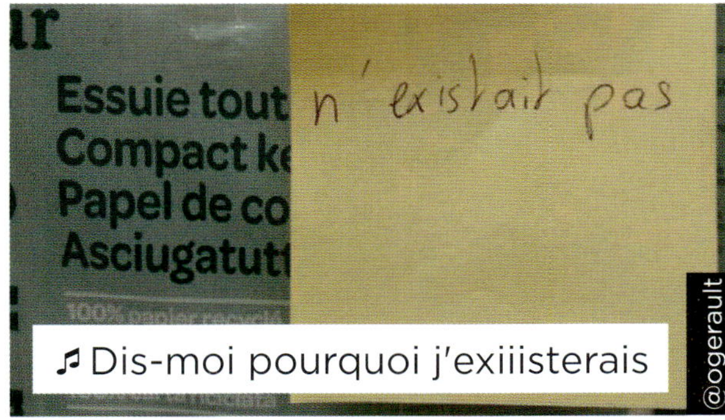

♫ Dis-moi pourquoi j'exiiisterais

@ogerault

♫ Carlos.

@ARingfinger

#DaftPunk

#LaraFabian

LA pluie,
ÇA n'effraie
Palets Bretons
@MADmoiselleStLo

♬ T'es mignon, t'es sympa, tu m'as l'air sincère.

Fé fait de tout petits riens

Olivier6ri

Olivier6ri

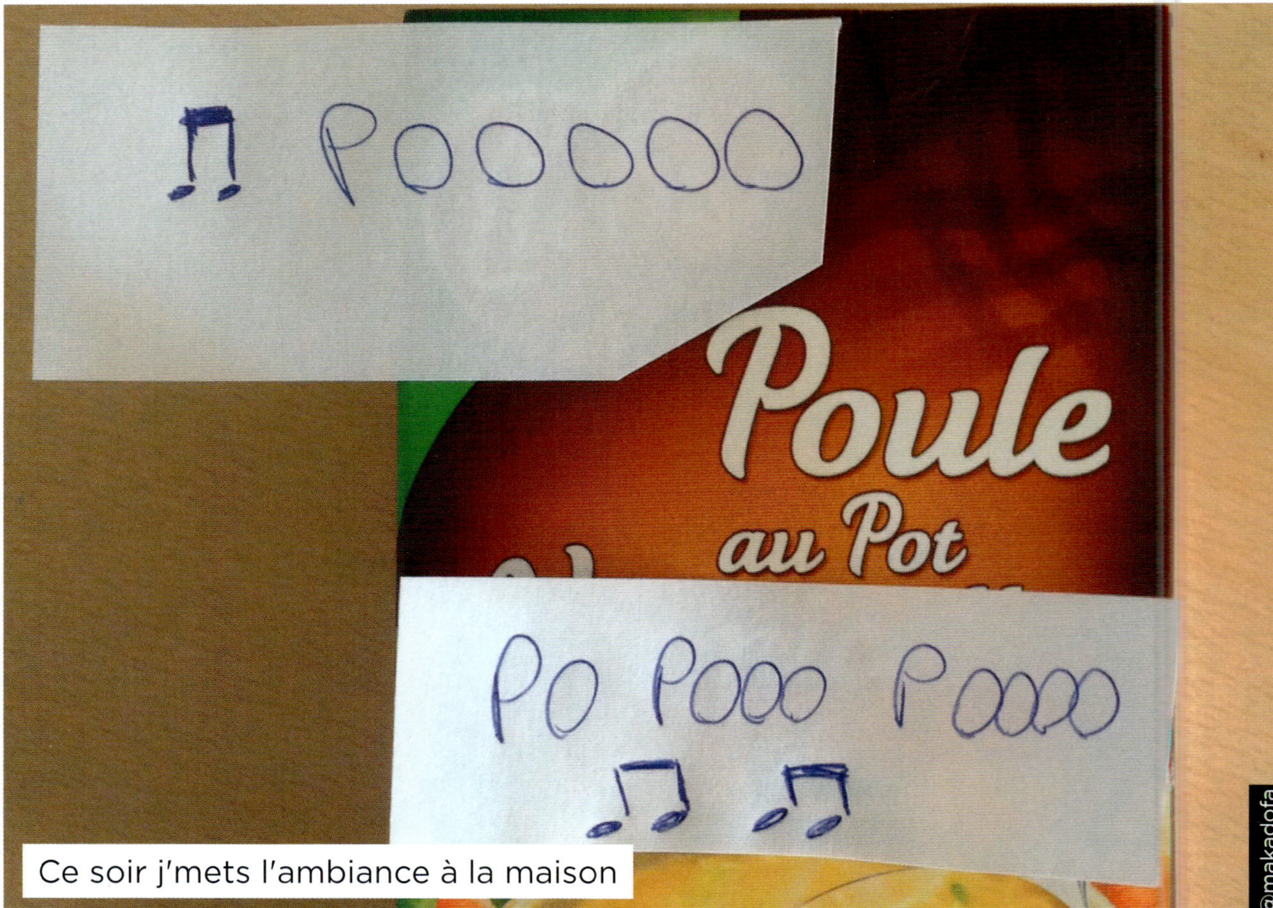

Ce soir j'mets l'ambiance à la maison

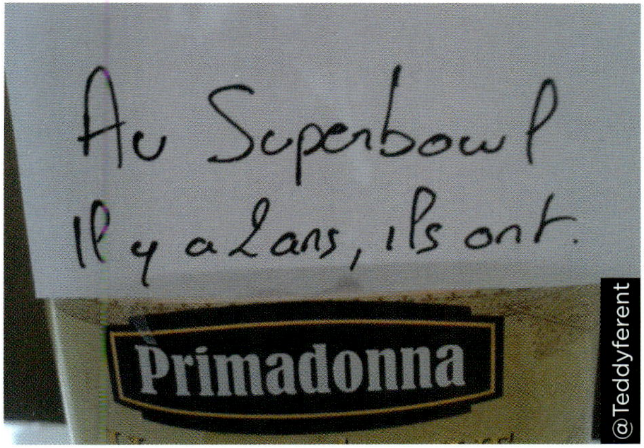

Mange tes céréales,
tu seras fort comme...

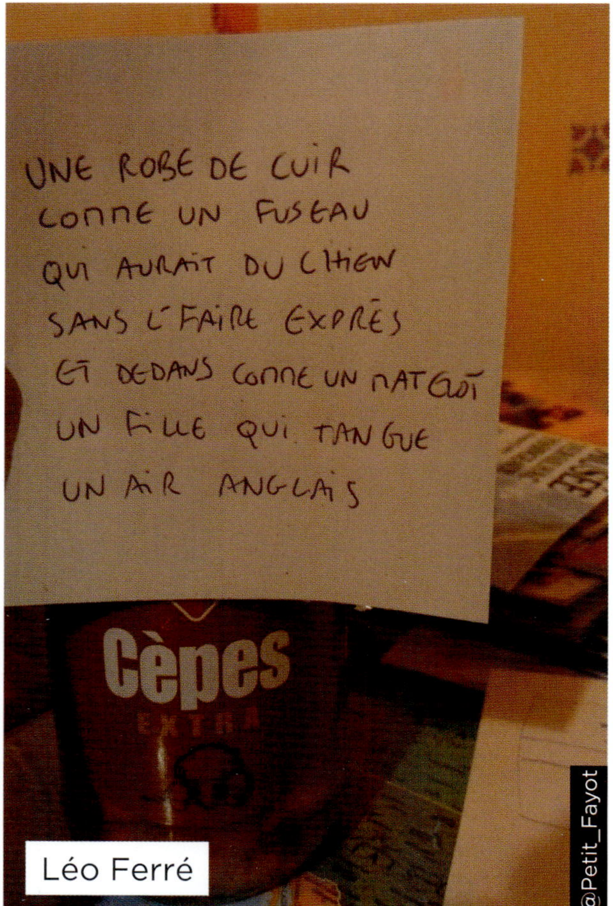

Léo Ferré

@Petit_Fayot

@JeromeBroda

Zeshler

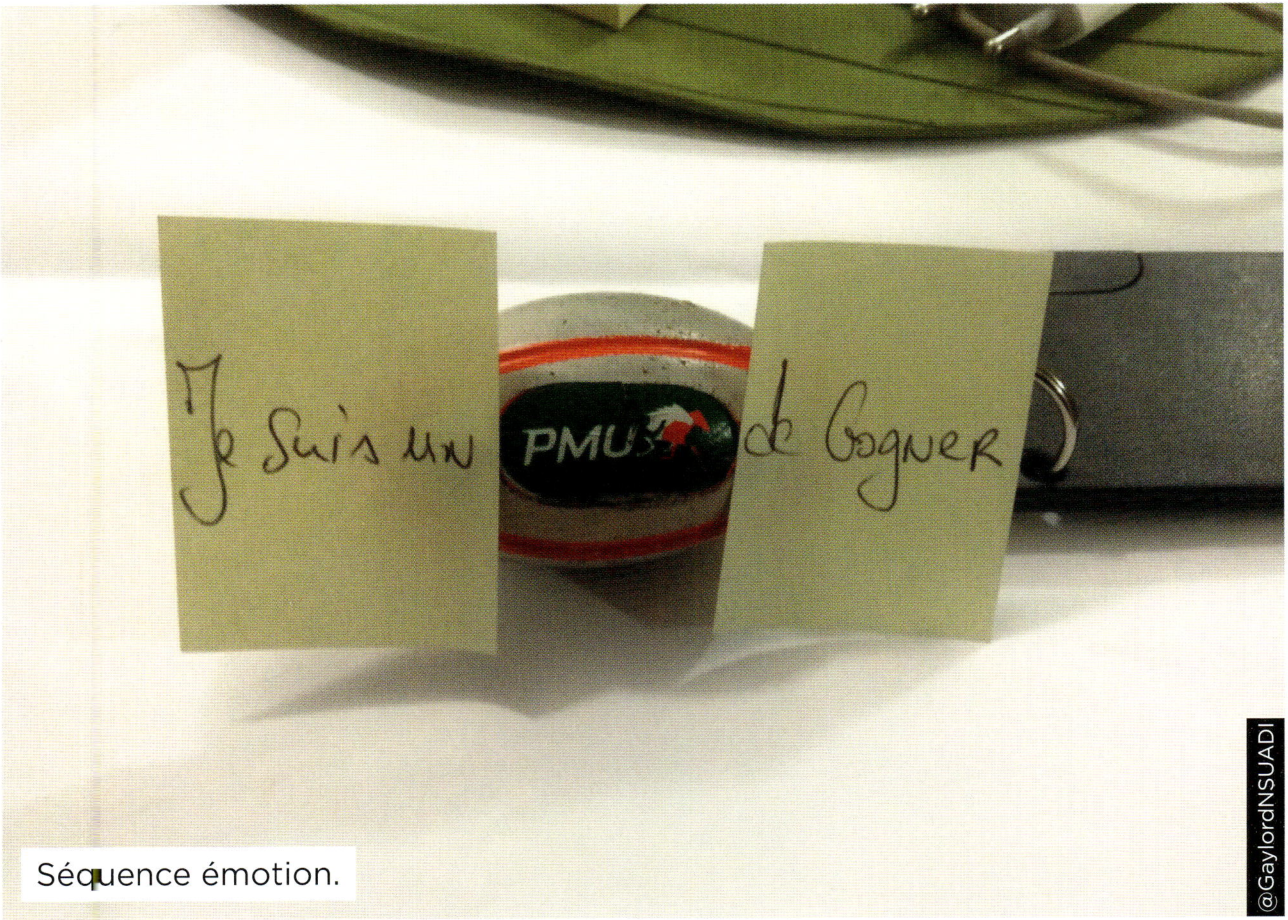

Séquence émotion.

@GaylordNSUADI

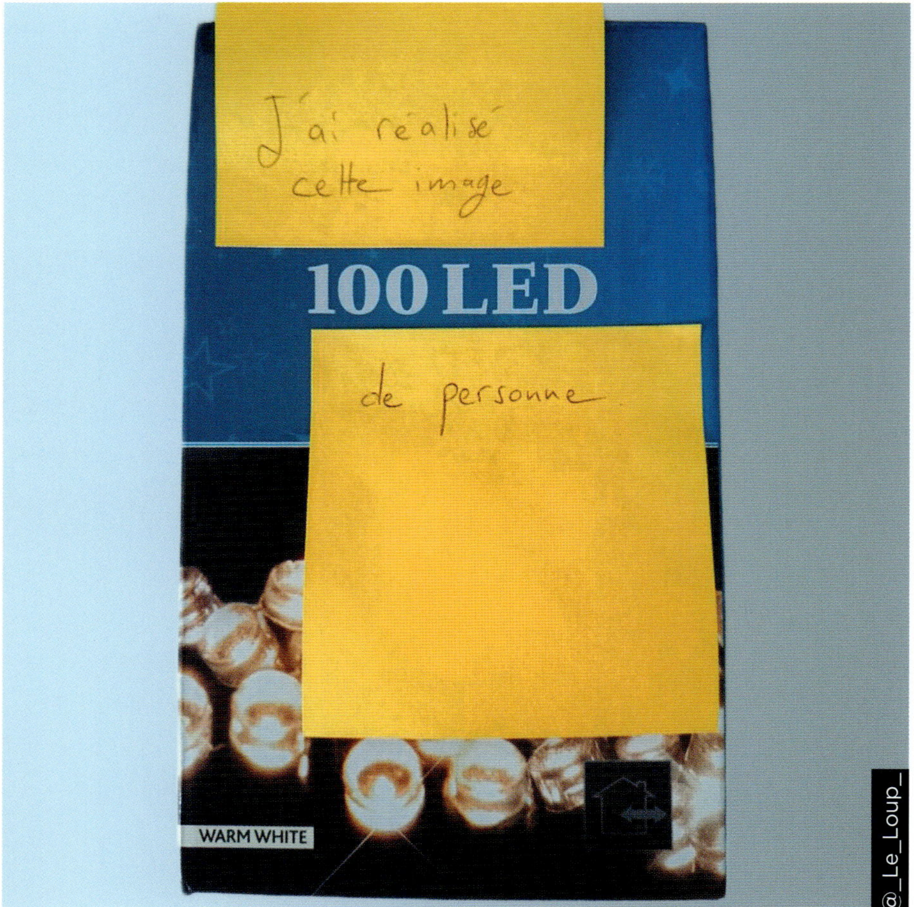
J'ai réalisé
cette image
100 LED
de personne
WARM WHITE
@_Le_Loup_

#DIY

Le
c'est du
VOL !
ARTENGO
@MADmoiselleStLo

ÉDITION SPÉCIALE
AMADEUS
Dans la Voiture
à Cause du chien
@Beaboum

GILBERT
be ECO®
Geoffrey

@LaDivadeparis

Pense-bête.
@Beaboum

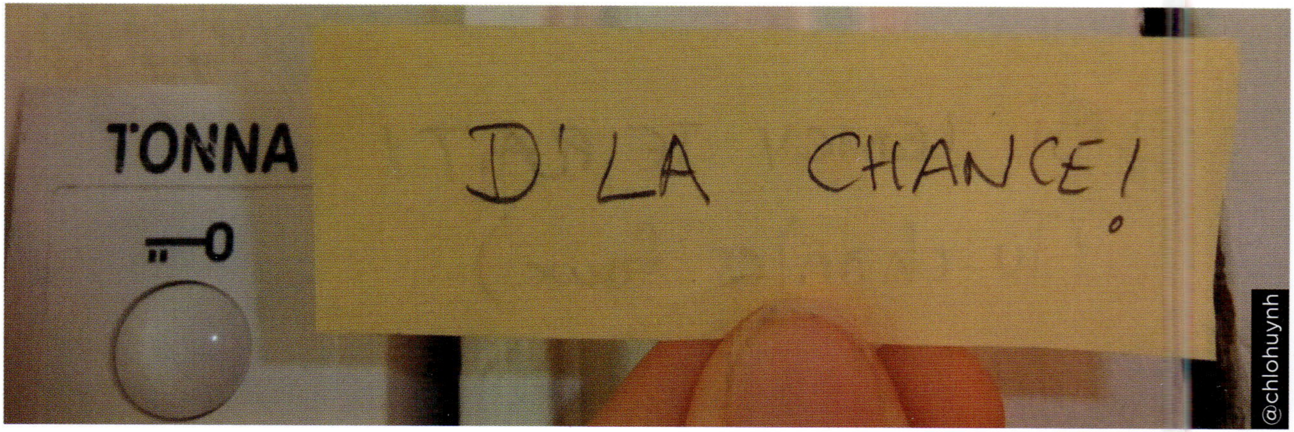

@chlohuynh

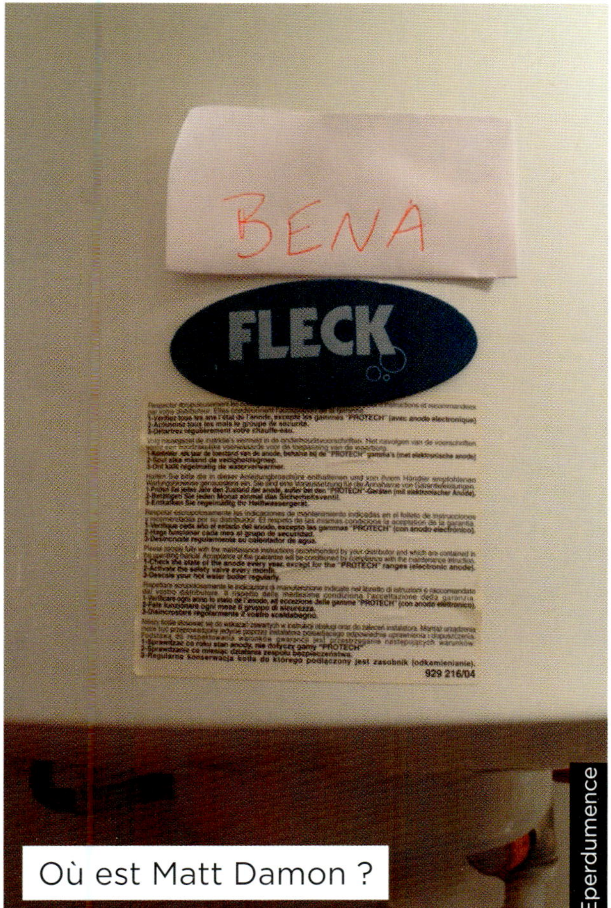

Où est Matt Damon ?

Eperdumence

@seb3347

Candice

♫ C'est juste une question de tempo.

@mary_cul

@valentintamarre

Calculs.

Parlons des impôts...

Pinketts

Ayé ! C'est fini !

Pas tout à fait... Je crois qu'il est temps de dire merci (à quiiiiiii, à quoihaha).

Le premier est pour toi : merci d'avoir eu cette idée qui a enflammé Twitter un après-midi triste d'hiver fin janvier 2014. Pour la suite on y va ensemble ? 1, 2, 3...

Merci à @Tikitoq qui nous a suggéré de les regrouper sur un Tumblr et sans qui toute cette aventure n'aurait peut-être jamais eu lieu.

Merci aux copains des Internettes, plus particulièrement à ceux qui ont fait perdurer le concept avec un top par mois, et que s'appellorio Topito.
Merci aux réseaux sociaux d'avoir fait tourner !

Merci à Marie Baumann qui a eu cette idée folle, de nous proposer d'en faire un livre.

Merci à tous ceux qui sont dedans, et autour, à ceux qui se sont marrés et qui nous ont encouragé. Merci aussi à ceux qui ne sont pas dans le livre.

Merci à ceux qui vont trop loin, à ceux qui osent, à ceux qui croient que l'humour peut sauver le monde.

Et pour que ça ressemble vraiment à une cérémonie des César, je remercie plus particulièrement mes parents, mes soeurs, ma famille, Boubine (mon chat), merci aux "gros", aux "grosses", à tous mes potes, source inépuisable d'inspiration et à mes collègues (source inépuisable d'expiration, je déconne, c'est pour oublier personne).
Et toi, il te reste des gens à remercier ?!

J'attendais de pouvoir en placer une mais je remercie aussi ma femme, mes deux enfants, ma famille, mes amis, mes collègues et tutti frutti.

Et la boucle est bouclée !

ISBN : 979-10-301-0203-1
Dépôt légal : novembre 2017
Imprimé en Slovénie

Conception graphique et mise en page : Christopher Hazard
Concept original de Samira Mustafa

Tana éditions, un département d'Édi8
12, avenue d'Italie
75013 Paris
Tél. : 01 44 16 09 00
Fax : 01 44 16 09 01
www.tana.fr